文旅融合的理论与实践研究

邢　炎◎著

文化发展出版社
Cultural Development Press
·北京·

图书在版编目（CIP）数据

文旅融合的理论与实践研究 / 邢炎著．— 北京 ：
文化发展出版社，2023.12
ISBN 978-7-5142-4278-2

Ⅰ．①文… Ⅱ．①邢… Ⅲ．①文化产业－产业发展－
研究－中国②旅游业－产业发展－研究－中国 Ⅳ．
① G124 ② F592.3

中国国家版本馆 CIP 数据核字 (2024) 第 004227 号

文旅融合的理论与实践研究

邢 炎 著

出 版 人：宋 娜
责任编辑：张宝平　　　　责任校对：岳智勇
责任印制：邓辉明　　　　封面设计：守正文化
出版发行：文化发展出版社（北京市翠微路 2 号 邮编：100036）
网 址：www.wenhuafazhan.com
经 销：全国新华书店
印 刷：天津和萱印刷有限公司

开 本：710mm × 1000mm 1/16
字 数：175 千字
印 张：10
版 次：2025 年 1 月第 1 版
印 次：2025 年 1 月第 1 次印刷

定 价：72.00 元
I S B N：978-7-5142-4278-2

◆ 如有印装质量问题，请电话联系：010-58484999

前　言

文旅融合是促进我国经济结构转型升级、增强文化自信和国际影响力、满足人民日益增长的美好生活需要的关键途径。

早在 2009 年，各级党委、政府就察觉到了我国文化与旅游发展的趋势是文旅融合。2017 年 10 月，党的十九大报告提出了中国发展新的历史方位，中国特色社会主义进入了新时代。2018 年 3 月，根据国务院的机构改革方案，文化和旅游部批准设立。此后，各地方开始陆续挂牌文化和旅游局。目前，文旅融合取得了较好的效果，但仍存在文旅融合发展的合作领域不宽广、合作机制不顺畅、政策扶持不到位等问题。文化和旅游部为了落实中共中央、国务院扩大内需的战略部署，推进文化与旅游协调发展，曾发布《关于促进文化与旅游结合发展的指导意见》，以完善文旅融合发展的相应机制，进一步促进文旅融合发展。

在文旅融合过程中，由于文化与旅游发展领域分别是两个庞大的系统，两者在各自的发展轨道上又具有常年累积下来的发展逻辑和思维惯性，所以两者的融合涉及观念、制度、机制、市场等多个方面，需要各界共同努力，不可能一蹴而就。在新时代背景下促进文化与旅游进行更高质量的融合，是我国文旅发展的首要要求。

本书共五章。第一章为文化产业与旅游产业概述，主要包括文化产业概述、旅游产业概述、文旅融合的概念与模型、文旅融合的效应与特征；第二章为文旅融合的理论概述，分别从文旅融合理论的基本内容、文旅融合理论的研究目的和意义、国内外文旅融合理论的综述三个方面进行阐述；第三章为文旅融合的发展现状，主要分为文旅融合的新认知与发展诉求、文旅融合的发展模式、文旅融合的发展规划以及文旅融合的市场动力机制四个方面；第四章为文旅融合的实践研究，主要从我国文旅融合的现状和趋势、我国文旅融合实践的发展措施以及我国文旅融合实践的具体案例三个方面展开论述；第五章为文旅融合的实践反思，主要包括我国文旅融合实践的成果与问题、我国文旅融合实践的经验总结和启示、加快文旅融合的方法和路径三个方面。

在撰写本书的过程中，笔者参考了大量的学术文献，得到了许多专家学者的帮助，在此表示真诚的感谢。本书内容系统全面，论述条理清晰、深入浅出，但由于笔者水平有限，书中难免有疏漏之处，希望广大同行及时指正。

邢　炎

2023 年 7 月

目　录

第一章　文化产业与旅游产业概述

本章共分为四个部分。第一部分为文化产业概述，主要从文化产业的概念、文化产业的内涵和范围、文化产业的分类、文化产业的特征四个方面进行论述；第二部分为旅游产业概述，包括从基础旅游学角度界定、从产业经济学的角度界定两部分；第三部分为文旅融合的概念与模型，主要从文旅融合的概念以及文旅融合的概念模型两个角度进行论述；最后一部分为文旅融合的效应与特征，主要从文旅融合的效应和文旅融合的特征两个方面进行论述。

第一节　文化产业概述

法兰克福学派对大众文化的哲学价值和艺术的批判催生了文化产业。文化产业一词的出现和相关理论研究的开展始于20世纪30年代。1947年，法兰克福学派的霍克海姆和阿多诺在他们合作出版的《启蒙辩证法》中正式提出了文化产业的概念。但是因为世界各国的经济发展进程各不相同、政府实行的政策各有差异、拥有的历史背景各具有独特性，所以世界各国在文化产业定义的界定方面也有所不同。

一、文化产业的概念

文化产业是一种具有独特性的经济形态和文化形态，这一属性使得学者在给文化产业下定义的时候，会面临各种各样的问题。由于研究文化产业的角度不同，所以会存在差异性极大的理解，这使得界定文化产业概念的工作困难重重。鉴于各行各业有不同的分类标准，且文化产业所处的行业背景较为多元，目前人们对文化产业的概念界定并不相同。按照国际上普遍采纳的三次产业分类法，文化产业属于第三产业。但实际上，文化产业已经延伸至第一产业和第二产业（如文化产业链中的乡村旅游、工业旅游等），产业链条已经横跨第一、二、三产业。随着社会发展，文化产业与其他产业结合或从其他产业分离出来的现象越来越普遍。

不同的机构或研究者从不同的角度、层次界定了文化产业的概念，比较有代表性的有如下几个。

文化产业是一种服务产业，其服务目的涉及娱乐目的、教育目的和信息目的等，它是各种人造产品的集合，这些人造产品意在满足消费者的不同心理。这一定义虽然强调了文化产业的目的，但却没有体现文化产业完整的环节。

欧洲联盟（以下简称欧盟）于 1997 年在文化产业报告中对文化产业的概念进行了界定。欧盟认为文化是一种根植于文化意义内容的生产活动，文化产业包括所有的拥有文化标识的产品和贸易活动，它不仅涵盖文学艺术、音乐艺术、影视业、广播业、新闻出版业等领域，还涵盖体育、艺术拍卖、摄影、街头表演等领域。

英国学者贾斯廷·奥康纳则将文化产业定义为主要经营符号性商品的活动。相较于之前的定义，贾斯廷·奥康纳将文化产业的产品扩大到了符号性商品的范围，进而使文化产业的范围变大。

文化产业即在国民经济中所生产的服务产品和实物产品展现出文化特征的单位的集合。这一定义用到了产业的概念，但其不足是没有重视构成产业活动的其他环节，如销售、流通等。

文化产业的主体是生产并传播文化相关的服务和产品的社会机构，这些机构（如工业化的大企业）会使用相同的生产组织模式。这一定义忽视了文化产业和工业在生产与组织活动上的不同，错误地从生产和组织模式的角度将二者同等地看待。

联合国教育、科学及文化组织（以下简称联合国教科文组织）在其发表的《文化、贸易和全球化》报告中提到，文化产业指的是涵盖创作、生产、销售内容的产业。该组织认为文化产业在本质上与文化具有相关性，文化产业通常经由著作权保护，作为商品和服务出现在市场上。

澳大利亚学者戴维·思罗斯比把文化产业定义为，文化产业是以创意为核心并组成各类文化产品的经济集合。

文化产业是一种产业系统，且这一系统的主要特征在于精神产品的生产、交换和消费。这一观点强调了产品的精神范畴，却没有认识到具有文化含义的（如文化用品等）产品的存在，其界定使得文化产业概念的范围小于实际范围。

我国国家统计局于 2012 年正式颁布的《文化及相关产业分类（2012）》对文化产业及其相关产业的范围和概念作出了科学、权威的界定，清晰地指出文化及相关产业是一种生产活动的集合，为社会大众提供文化及相关产品。由此得出文化及相关产业的内容包括文化产品的生产活动、文化用品的生产活动、文化专用设备的生产活动和文化产品生产的辅助生产活动。其中，文化及相关产业的关键在于文化产品的生产活动，其他三种生产活动仅起到补充作用。

文化产业是指生产文化产品或提供文化服务以满足社会精神文化需要的行业门类总称，文化产业包括出版业、影视业、网络信息业、娱乐业、演出业、旅游业、文化教育业、展览业、艺术品业、体育业、广播业、博物馆业、广告业、装饰业、设计业、时装业等。

以上定义，有的是从文化产品的生产过程的角度来定义文化产业的，有的是从文化产业范围的角度来定义文化产业的，还有的是借鉴工业化生产流程的方式来定义文化产业的，每种定义都有自己的优点和特征，而文化产业的生产涉及面宽、随机性强、非程序化生产，更多地依靠科技和创意的结合，因此，这类定义并不科学。有的定义采用模糊语言，虽然能基本涵盖文化产业涉及的范围，但没有突出文化产业的经济性，其实有些内容应该称为文化事业，而不是文化产业；有的定义虽然涵盖面也很宽，但没有考虑文化产业向其他产业延伸而会形成的新型产业类型，其定义过于静态。

综合和借鉴以上定义，本书认为文化产业是以文化创意为核心，以文化企业为基础，以利润创造为目的，利用文化资源，通过技术或智力的介入和产业化的方式制造、营销不同形态文化产品的经济行业。

二、文化产业的内涵和范围

目前，学术界仍然没有明确界定文化产业的内涵和外延，因此文化产业的分类方式依旧没有统一。在进行文化产业研究之前，仍需要对文化产业进行界定，这样才能打好研究的基础。

（一）文化产业内涵的界定

根据国民经济行业分类标准，从事相同性质的经济活动的全部单位的集合被称为产业或者行业。根据统计分类标准，产业与行业在英语中的单词都为“industry”。我国通常将国际上的相关分类翻译为产业，与之对应的分类用中文表示叫做行业，而产业一词则常常用于强调经营规模和性质的类别。

文化产业顾名思义即文化的产业，根据文化产业的内涵，只有具有文化属性的产业才能够被称为文化产业，从本质上讲，文化产业作为各种体现出文化特征的服务活动或者部门的集合，其内容是生产、流通精神或物质相关的文化产品。文化产业经营的对象应是能够满足商业运作需求的文化艺术产品或者服务。通常来讲，事业型或者无偿供给型的文化产品是由政府运营的，其对应的活动并不是市场化、产业化的，活动的目的也并非在于营利；有偿供给型的文化产品是由企业家和投资家运营的，消费者需要支出货币获得产品或服务，以此满足自身的文化需求，这种有偿供给型的文化活动的目的在于营利。

从文化产品的排他性与竞争性出发，可以将文化产品分为公共性文化产品、竞争性文化产品和混合性文化产品。公共性文化产品作为一种文化产品，既不具有竞争性，也不具有排他性，公共性文化产品满足了纯公共物品的特征表现，这一理论由萨缪尔森提出，具体内容为公共性文化产品在进行消费时不影响其他人消费的数量。与公共性文化产品相反的是竞争性文化产品，它同时具有排他性与竞争性。竞争性文化产品在消费过程中需要凭借“货币投票”等手段进行竞争，如影视业、图书出版业等。混合性文化产品则是位于两者之间的范畴，混合性文化产品的消费过程中只具有排他性和竞争性中的一项，生产者可以将产品的一部分流通进市场，经由竞争机制销售出去，但是比起产品带来的经济效益，他们更加看重产品的经济效益。文化产品的分类如图 1–1–1 所示。

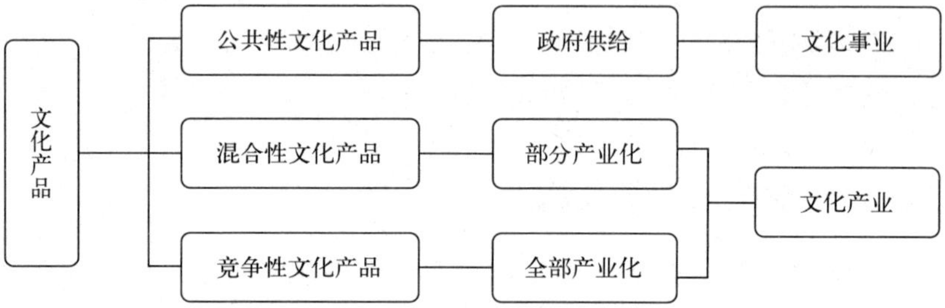

图 1–1–1　文化产品的分类

文化产品的分类标准于 2004 年提出，因为当时正处于文化体制改革的初级阶段，所以在从单位的行业属性出发鉴定其经营性和公益性时遇到了很大的困难。那一时期的不少行业中同时存在经营性和公益性并存的行业，且其统计分类尚不清晰。如今，随着时代的进步和发展，文化体制的改革事业也取得了可喜的成就。现在可以明确大多数行业为公益性或者经营性，尤其是在经历了两次全国经济普查之后，区分公益性文化事业单位或经营性文化产业单位的原则已被确定为是否执行企业会计制度。这一原则公布后，统计上所称的文化及相关产业指文化产品分类所覆盖的全部单位，文化产业只包括经营性文化单位的集合，文化事业只包括公益性文化单位的集合。2012 年修订的分类标准继续使用文化及相关产业的名称，分类涉及范围同时涵盖经营性单位和公益性单位。这一范围与联合国教科文组织的《2009 年联合国教科文组织文化统计框架》规定的范围基本一致。

（二）文化产业范围的确定

只有在完成文化产业的内涵界定后，才能明确文化产业的外延范围。笔者在确定文化产业范围时考虑了产品生产、营销和消费的完整环节，同时将横跨第二、三产业的部分行业纳入了文化产业的体系之中。以下为文化产业的范围：

①文化产业是一种以文化为核心内容的生产活动，活动目的在于满足人们的精神需要，从而进行文化产品的创作、制造、传播、展示等；

②文化产业是进行保障文化产品生产的辅助生产活动；

③文化产业是作为文化产品实物载体或制作（使用、传播、展示）工具的文化用品的生产活动（包括制造和销售）；

④文化产业是进行保障文化产品生产的专用设备的生产活动（包括制造和销售）。

三、文化产业的分类

由于所处的历史背景和文化背景的差异，所以不同国家的学者以及官方就文化产业的概念、内涵、外延有着不同的看法，文化产业的分类形式也有所不同（见表 1−1−1）。

表 1−1−1　文化产业的分类

国家或组织	文化产业的分类
联合国教科文组织	文化遗产、出版印刷业和著作文献、音乐、表演艺术、视觉艺术、音频艺术、视听艺术、视听媒体、社会文化活动、体育和游戏等十类
美国	文化艺术业（含表演艺术和艺术博物馆）、影视业、图书业、音乐唱片业
英国（创意产业）	广告、建筑、艺术和古董市场、手工艺、时尚设计、电影、互动休闲软件、音乐、电视和广播、表演艺术等十三类
欧盟（内容产业）	制造、开发、包装和销售信息产品及其服务的产业，包括各种媒体上所传播的印刷品内容、音像电子出版物内容、音像传播内容、用作消费的各种数字化软件等
日本	电影、电视、音响、书籍、音乐等

续表

国家或组织	文化产业的分类
韩国	与文化商品的生产、流通、消费有关的产业：影视、广播、音像、游戏、动画、卡通形象、演出、文物、美术、广告、出版印刷、创意设计、传统工艺品、传统服装、传统食品、多媒体影像软件、网络及其相关的产业
澳大利亚	文化遗产和古迹、艺术活动、体育和健身娱乐活动、文化产品的制造和销售、其他文化娱乐类
国际标准产业分类（第三版）	文化内容发源、文化产品的制造、文化内容的翻印和传播、文化交流

鉴于时代的进步和文化新业态的发展，新的《国民经济行业分类》国家标准（GB/T 4754—2011）颁布并实行。国家统计局颁布的《文化及相关产业分类(2012)》对文化产业做了分类，将以下十类产业归为文化产业：

①新闻出版发行服务；

②广播电视电影服务；

③文化艺术服务；

④文化信息传输服务；

⑤文化创意和设计服务；

⑥文化休闲娱乐服务；

⑦工艺美术品的生产；

⑧文化产品生产的辅助生产；

⑨文化用品的生产；

⑩文化专用设备的生产。

此分类涉及 119 个行业小类，整体可分为生产文化产品或是文化相关产品两个大类。该分类的修订背景是，2004 年，为了反映文化体制改革的情况，我国颁布了《文化及相关产业分类》，将文化产业划分为核心层、外围层和相关文化产业层三个层次。然而随着时间的推移，我国文化体制改革取得了重大的进展，文化业态也经历了融合和创新，因此出现了许多新兴的文化业态。由于多数的文化生产活动很难明确地划分到核心层、外围层或相关文化产业层中的某一层次，2012 年修订的《文化及相关产业分类 (2012)》中去除了三个层次的划分方法。本书依据行业和文化产业价值链对文化产业进行分类，具体如下。

（一）依据行业分类

文化产业可以根据行业或产出特点分为新闻出版、广播、影视、演出、游乐、广告等多个领域。这些领域构成了文化产业体系，可以体现出文化产业内部行业的发展情况以及行业结构和关系状况。依据行业分类的方法遵循了产业分类的传统，虽然对从整体上衡量行业的发展水平以及规划、管理有好处，但在现在的环境下，分类时还需要考虑行业间和产业间交互深入、相互投资活跃、多元经营丰富的情况，这增加了依据行业对文化产业进行分类的难度。

（二）依据文化产业价值链分类

依据文化产业的价值链可将文化产业进行如下分类：

①文化产品和服务创造（研究、开发、设计、创作等）；

②文化产品和服务生产制作（文艺表演、记录媒介、设备、用品、含文化品牌的产品等）；

③文化产品和服务流通（传播、传输、交流等）；

④文化产品和服务销售（发行、分销、文化会展等）；

⑤文化设施（遗产、场所等）；

⑥文化中介与文化咨询（经纪、代理、广告、市场调研等）。

这一分类构成了文化产业的纵向或垂直体系，可以体现出文化产业各环节的结构和关系状况。依据文化产业价值链分类需要注意以下三种情况：一是按照再生产的环节及与其相关的环节来分类，这种方式能展示产业链的特点，划分出的类别清晰明确，且能够体现价值链的长短和价值水平变动；二是将大类范围内的行业按照它们进行的活动的性质分类，这种方式能展示行业的本质特征，同时可以了解经济活动的产出和行业特性，便于评估文化生产力和竞争力；三是上述文化产业价值链分类的角度都与市场、文化有关联，这能体现出文化的市场化水准。

四、文化产业的特征

文化产业以人的创意为核心来生产文化产品或提供文化服务，因此与物质生产领域的产业相比，文化产业具有非常独特的产业特征。

（一）产品的精神性

文化产业的特殊性，首先表现在其产品的精神性，是人类的精神构成了产品的基本内容。精神内容的生产，即所谓的内容产业，始终是文化产业的核心部分和价值源头。

精神性的产品必然会体现精神内容生产者的主观印记和内容生产者的观念、判断和感受，因此他的意图、对文化产品的理解、审美情趣等主观因素都会物化在产品中。一个地区的文化产业不仅能带来丰厚的利润、促进国民经济的增长，同时还能传播地区的文化和形象，影响和塑造人们的精神世界。

（二）消费的娱乐性

所谓娱乐，是指人们通过愉悦身心、宣泄情绪来达到心理平衡的健康过程。在消费的形式上，文化产业提供的价值主要是大众娱乐功能，我们把文化产业这种特性称为消费的娱乐性。

人们选择进行文化产品相关消费的直接原因在于其带来的娱乐体验，同时，文化产品的精神内涵使其具备了教育价值、认识价值与娱乐价值。对于大众而言，娱乐价值是文化产品的基础价值，其他两种价值则是在此基础上发挥作用。如果缺乏娱乐价值，即使文化产品的教育意义再深远，也难以引起人们的共鸣。因此，人们的喜闻乐见就成为文化产品的首要要求和价值判断标准。

（三）产业的依附性

文化产业的依附性指的是相对于其他产业，文化产业更加依赖且附属于环境，环境具体包括物质生产力、政策和制度等因素。在此基础上，文化产业的发展高度受限于社会生产力的发展水平，只有当社会发展到一定的程度，文化产业的发展才能达到预期的标准。首先，文化产品是精神产品，是物质生活得到满足后才会出现的高级精神需求；其次，只有当生产力发展到一定阶段，才会形成具有一定支付能力的市场；最后，文化产业的发展依赖于政策制度环境，当文化产业的发展顺应了国家的政策时，就能得到快速发展；而当其与政策不相适应时，发展就会减缓甚至停滞。

（四）文化产业的双重属性

文化产业最鲜明的特性在于其双重性，它既具有商品性（产业性）又具有社会性（意识形态性）。在思考文化产业的特征时，既要站在构建社会主义和谐社会的高度，又要将其置于国民经济发展的整个体系中加以考量。商品性要求产业要追求营利，但社会性又代表着文化产业无法放弃追求社会效益。其实，文化产业的这两种属性并非相互排斥，在产业内部，文化产业的经济效益得以发挥；在产业外部，和谐的社会结构也确保了文化产业的社会效益得以体现。

第二节　旅游产业概述

旅游产业的定义方法不同于传统产业。传统产业从生产的角度出发，将生产相同产品或者提供相同服务的企业定义为一个产业。旅游产业则从消费的角度定义企业，将与旅游消费相关的企业定义为一个产业。因此，旅游产业是一个分散在社会各个层面又高度关联的特殊产业，旅游活动也就是联系各相关行业的纽带。产业界限不清恰恰是旅游产业的特点。

一、从基础旅游学的角度界定

（一）旅游产业的消费性定义

从旅游者对服务和物质产品的消费角度出发，可以得到旅游产业的消费性定义。1971 年，联合国旅游大会最早定义旅游产业的概念，提出旅游产业是在保证国际和国内消费者消费需求的基础上，进行服务或产品生产的工商企业的集合。旅游产业肩负着经营产业和满足社会需要的双重责任，涵盖了为满足旅游者需求的各种旅游设施、组织和企业。《现代旅游学导论》中提到："旅游产业是为旅游者进行游览活动提供各种产品和服务而收取费用的行业，它以旅游资源为依靠，以旅游设施为物质条件，为旅游者提供各种商业服务。"①

（二）旅游产业的功能性定义

旅游产业的功能性定义是基于它为有旅游需求的消费者所提供的产品和服务。一种定义为，国内外旅游者从中接受旅游及成体系的相关服务的行业即为旅游产业，除了旅游服务本身还包括旅游者、旅行方式、食宿供应设施等各个方面；另一种定义为，旅游产业以旅游资源为支撑，依靠旅游设施，在人们的游览过程中为他们提供服务。旅游产业包括交通运输业、邮电通信业、金融保险业和餐饮业等所有从中营利的行业和企业。

二、从产业经济学的角度界定

对于旅游产业是否可以被当作一种产业看待，学术界至今没有得出一致的结

① 田里．现代旅游学导论[M]．昆明：云南大学出版社，1994．

论。国内学者普遍认为旅游属于产业范畴。将旅游视为产业，首先，是为了满足社会背景下人们的需求；其次，将旅游作为产业来研究有助于统计并分析旅游行业的各项数据，从而可以与其他产业进行对比研究；再次，通过运用产业经济学的原理和方法，可以更好地评估和预测旅游产业的发展；最后，为了便于识别和区分，以及符合规范，将旅游称为产业也是必要的。相对权威的理论包括：从满足旅游过程中的各类需求出发，涵盖了提供吃、住、行、游、购物、娱乐等旅游产品和服务或是劳务的相关部门和企业集合形成了旅游产业。宁泽群提出："虽然我们认为旅游应当被作为产业来看待，但是旅游业的构成并不是一个单一的产品，更准确地说应该是一组产业群。"① 虽然有学者认为旅游不应该被视为产业，但是实际上，旅游已经被当成一项产业融入人们的生活中。笔者同样秉持着将旅游当作一项产业来研究的看法。笔者认为，旅游产业是一种配置产业，其配置活动都是围绕着人们的旅游行为开展的，一切为旅游者提供直接服务或者间接服务的企业和行业，都包含在旅游产业的范围之内。但应着重强调旅游产业的两个特征：旅游产业作为一种服务性质特殊的产业，展现出了跨行业和跨地区的特征；另外，身为配置产业的旅游产业的核心在于消费者的旅游活动。此外，由于旅游产业的边界缺乏明确的界定，其涉及的范围会随着旅游形式的演化而变化，因此凡是为旅游活动提供直接或间接服务的行业都可以被纳入这个产业中。

第三节　文旅融合的概念与模型

一、文旅融合的概念

文化产业和旅游产业两者之间有一定的相似性，在一定条件下可以实现相互的替代与补充。随着社会经济的发展，市场竞争日益加剧，为了保证发展需要，无论是文化产业还是旅游产业都在尝试扩张业务范围。旅游产业和文化产业中的一些企业为了适应市场以及增加经济效益，推出了多元化、跨产业经营的举措，以降低服务成本、实现产业融合，进而使产品与服务逐渐差异化，最终提高市场竞争力。但要特别说明的是，并不是扩张业务范围、经营多样化就能实现产业融合。文化产业与旅游产业中的企业能否被带动，需要在进行多元化、跨产业经营

① 宁泽群．旅游经济、产业与政策[M]. 北京：中国旅游出版社，2005.

的领头企业获得经济效益后才能明确。只有在经济效益良好的情况下加入产业融合的企业越来越多，文化产业和旅游产业的相似性才会得到提高，两者的边界才会慢慢变得模糊，产业融合才会真正实现。

根据产业融合理论，在着重考虑旅游产业和文化产业的产业特性及研究目的之后，笔者所理解的文旅融合可以表述为，文旅融合是在市场需求、技术进步和创意引领等因素的推动下，旅游产业和文化产业相互交叉、相互渗透，逐步形成新的产品形式或新产业的动态过程。文化旅游产业是文化产业和旅游产业融合产生的新型产业，其既具有文化产业特征又兼具旅游产业特征。

二、文旅融合的概念模型

产业之间的协作和联合促进了文化旅融合，通过优化资源配置，催生了兼具文化和旅游双重功能的新型产业。文旅融合方式贴近于经济学中产业延伸融合的概念，即融合过程使得原有的产业的市场竞争力变强，且开拓了新的附属功能，进而形成了全新的融合型产业体系。本书就文化产业与旅游产业的融合过程、条件进行了深入探讨，得出了文旅融合的概念模型（见图 1-3-1）。

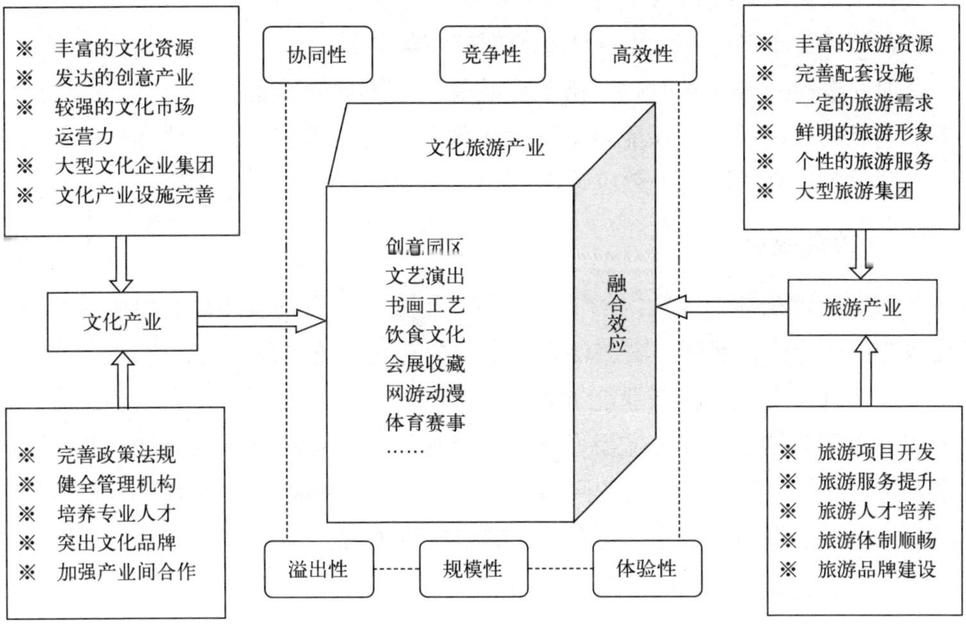

图 1-3-1　文旅融合的概念模型

在文化旅游需求的引领和创意、技术的支撑下，当文化产品功能与旅游产品功能重叠时，产业融合就发生了。随着文化旅游产业的发展，越来越多的产业部门被拉入进来，他们相互关联、相互影响。受产业融合动力的影响，对经济利益的追逐使各产业逐渐融为一体，尤其是文化产业与旅游业互相依赖，融合趋势更加明显。

第四节　文旅融合的效应与特征

一、文旅融合的效应

作为一种经济现象，文旅融合的结果大体上有以下几种：

①融合造就了不断涌现的新型业态，如工业遗产旅游、会展旅游、教育旅游等；

②融合使新型产业在功能上日渐完备，如旅游景区兼具影视文化基地；

③新型企业组织结构的不断演进；

④新型产业集群的逐步出现，如养生旅游集群等。

企业在进行战略决策时，经济效应是他们最重视的因素之一。文旅融合除了能带来明显的经济效应，还能带来许多成体系的其他效应，如文化效应、社会效应、引领效应、消费性能力效应等。

（一）文化效应

文旅融合旨在推动区域内的文化旅游产业繁荣，同时也能让文化旅游产业提供更多的经济价值。然而，文旅融合带来的最直接的效益在于文化方面。

通过融合，文化旅游产业能够将区域内的文化旅游资源进行有效的整合，相较于其他资源的整合，文化旅游资源的整合展现出了更加卓越的效果。整合后的文化旅游资源能够催生更强大的区域文化整体效应，并推动文化战略品牌的诞生，进而美化区域形象和从整体上提高产业的市场竞争力。

（二）社会效应

国家发展旅游产业有一个重要目的，即满足人们的精神生活需求、提高人们的素质。文化旅游业的兴起对经济增长具有强大的推动作用，同时也对传统文化的传承和发展产生了重要的促进作用。在将文化资源投入市场并以产业化的思维进行经济化推广时，我们需要关注文化资源带来的相应的社会效应。这种社会效应应当传递给人们积极向上的信息，而不是对文化的滥用或曲解。

（三）引领效应

文化产业趋向旅游化和旅游产业趋向文化化能够实现文旅融合发展，最终推动经济结构优化升级，转变发展方式，引领经济建设和推动城市化进程。这在城市化的过程中最为直观，一个地标式的城市广场、一片演艺区、一片文化区都可以很好地带动城市发展。融合后的文化旅游产业可以发挥渗透功能，实现溢出效应，从而加速其他产业的发展进程。

（四）消费性能力效应

文旅融合会催生出更多新产品和新服务，既有原产品的替代产品，又有创新性服务，为消费者创造了更多、更方便、价值更高的产品和服务，满足了人们更高层次的消费需求，代表了需求发展的必然趋势。在产业融合中，原先那些常规的产品和服务往往变得非常规，而非常规的产品将带来更多的产品选择。产业融合使生产系统更具开放性，特别是对消费者的开放，促使消费者成为产业系统的一部分。

（五）延展和波及效应

所谓延展和波及效应，是指产业融合所带来的效应不仅局限在文化产业和旅游产业这两个领域，而是可以延伸到其他相关产业，并对整个经济社会发展产生积极的影响，而产业融合的功能会在更加广泛的国民经济部门中得到体现。文旅融合对其他产业的延展和波及效应可以表现为以下三个方面。

第一，文旅融合可以优化整体产业结构。产业结构由第一产业向第二产业、第三产业演进是经济发展的必然趋势。文旅融合发展将进一步提高第三产业在整体产业结构中所占的比例，有利于形成新的业态，与当前的产业结构优化方向保持一致。

第二，文化产业和旅游产业的乘数效应十分明显，其在融合发展过程中的产业乘数作用必将拉动投资和基础建设，带动相关产业的发展和就业结构的改善。

第三，因为文化旅游产业存在延展和波及效应，所以文化旅游产业可以影响城市建设，实现其与自身的协同化、一体化发展。在以第二产业为主导的经济发展阶段，产业集群主要侧重于主导产业之间的协同和链接。然而，随着经济结构从第二产业向第三产业的转型以及产业服务化进程的推进，城市建设与文化旅游产业的融合变得越来越重要。

（六）竞争能力提升效应

产业融合可以有效地提升产业的竞争力，不同产业之间的竞争最终可以归结为各自产业链环节的竞争。通过融合，这些原本独立的产业链环节可以部分或全部实现融合，形成一个新的价值链，这个价值链可以同时带来两个或多个产业的附加值。与原来的产业相比，这种融合型产业的附加值更大且获得经济效益的能力更强，相应的营利空间也更大。同时，产业融合与产业竞争力的提升过程是内在一致的，这个过程是动态的，随着产业的发展而不断变化。产业融合为旧的格局带来了新的变化，使得文化产业和旅游产业间不再是孤立的产业，而是协同的关系。不同产业间可以产生协同效应和规模效应，把不同业务和产品置于同一平台上进行整合，提高了资源共享性和产业竞争力，降低了成本。产业竞争力的提升使相关企业群获得了更多的市场份额、稀缺资源、资本积累以及较大的发展空间。

文化旅游产业竞争力的提高是一个持续动态的过程，过程中需要不断地对产业的创新功能、业务流程以及管理过程进行完善。文旅融合对提升文化旅游产业竞争力发挥着至关重要的作用，这种作用主要体现在创新功能、整合功能、拓展功能和优化结构四个方面（见图 1–4–1）。

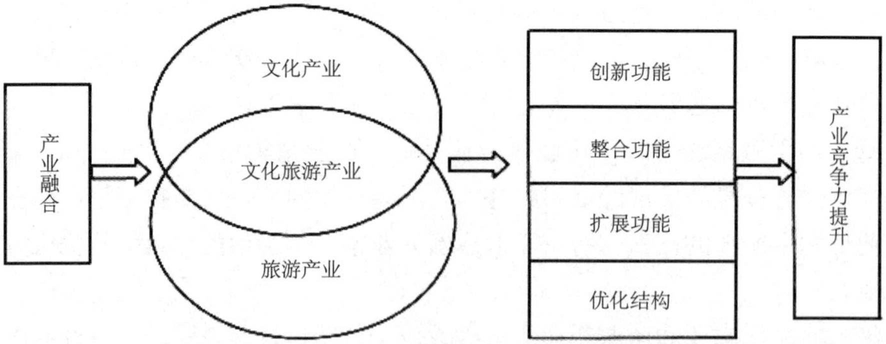

图 1–4–1　产业融合促进产业竞争力提升的过程

产业融合的本质是产业创新。文旅融合的过程包括资源、产品、业务、组织和市场五个层面。其中，资源融合是基础，产品融合是对资源价值的重新审视和扩散利用。当然，这种资源的扩散利用是在精妙的创意和一定的技术支持下实现的，可以说是突破了传统意义上资源利用的手段，如果这种手段也可以被称为技术的话，那么，现代资源利用的方式就是一种技术的创新。这种技术创新不是对文旅融合过程中的某单一方面提出要求，而是通过技术手段的运用，把文化旅游产业内不同部门的要素有机地结合在一起，共同发挥作用。

除此之外，由于文化产业和旅游产业在未融合前面对着不同的市场对象，且原有的管理主体在性质等方面存在着差异，两者在满足消费者要求时所采用的举措也不尽相同，所以两者在进行融合发展时，必会出现某一产业学习另一产业的优秀经营经验，这会影响、改变原本产业内产品的服务特点、市场竞争状况，对价值创造过程产生深远的影响，这种变革引发了原有产业产品市场需求的变化，甚至重塑了产业核心能力，从而推动了文化旅游产业的持续发展。

通过完成文旅融合，文化旅游产业实现了技术—组织—产业的全链条创新。二者的融合主要依赖于两大产业间的资源流通和产品创新，其过程涉及管理方式和组织形式的革新，最终带来全新的产品、服务和市场。

融合后的价值链同时吸取了文化产业和旅游产业的长处，使文化旅游产业既具有更高的附加价值，又能产生更多的利润，同时还提供了更高价值的文化旅游产品和服务，满足了消费者的体验需求。随着需求趋势和消费主流的转变，满足了旅游者体验需求的文化旅游产业势必会拥有越来越强的竞争力。

文化产业和旅游产业形成了一个互相支持的产业生态系统。在这一系统中，文化产业可以为旅游产业提供满足消费者在住、行、游、购、食、娱要求的文化旅游资源，而旅游产业则可以为文化产业提供必要的平台和媒介。这种协同合作使得两者的生产要素配置得到完善，实现了资源的有效共享，并且提高了文化旅游产业在整个经济体系中的资源获取能力，进而提升了其市场竞争力。

评判竞争力的重要因素涉及产业本身的结构与其市场的结构。在文旅融合的过程中，相关举措促进了二者自身的发展，在产业结构和市场结构上都实现了优化与拓展。完善的产业结构与市场结构可以使文化旅游产业的竞争力由此得到提高。

文旅融合发展使两个产业间的边界逐渐模糊。通过创意和技术的运用，两个产业的要素相互渗透，逐渐改变了原有产业的生产方式和属性。这种融合使得产品和服务不断升级，进而推动了需求结构和产业结构的升级。这种转变是从部门经济到产业联动的重要转变。作为一种新兴的产业形态，文化旅游产业将文化与旅游相结合，提高了两个产业的产业结构关联性，形成了更为宏观的文化旅游概念。这种产业的出现，不仅创新了旅游产品和服务，而且还创造了新的市场需求和巨大的市场空间，文化旅游产业的快速发展推动了市场结构的不断优化和升级，为经济发展注入了新的活力。

一方面，文化产业和旅游产业之间的界线在融合过程中变得模糊，原本各自为营的市场也相互交融，构成了一个巨大的新兴市场。众多企业在这一市场中迅速崭露头角，新进竞争者亦不断涌现，使得文化旅游产业内的市场集中度被大幅度降低。另一方面，虽然融合前的文化产业和旅游产业之间并不像其他产业之间存在清晰明确的界线，但至少两者呈现出一种半分立的状态，两者的产业边界虽然模糊但确实存在。尽管在文旅融合的过程中，资源利用从根源上进行了转变，但是两个产业的各个环节仍然是相互影响、相互作用的，在此基础上推动了横向水平的新型市场结构的形成。这一转变带来了更加公平、有效的市场竞争环境，极大地提高了文化旅游产业的竞争力。

（七）结构优化效应

文化产业和旅游产业结构演进的目的是使各产业部门之间的关系得到合理化和高级化的发展，并进一步提升产业发展质量。国内外学者从不同的角度研究了文化产业和旅游产业结构演变的动力。总体而言，有市场需求拉动模式、技术推进模式和外在激励模式。其实，文化产业和旅游产业结构的变化因素众多，但从产业结构演变的动力来看，使文化产业和旅游产业在结构上发生变化的动力大体分为自动力和他动力。自动力来自产业内部，可以激发产业发展行动；而他动力来自产业外部，能诱发产业成长活动。

随着文化产业和旅游产业的发展和变革，其内部的自动力是自主创新能力。文化产业和旅游产业需要不断创新，以应对消费者需求的变化。在这些产业的演变过程中，技术和业态的创新至关重要，其决定了演变的方向。然而，要实现文化产业和旅游产业的技术创新和业态创新，通常需要在与其他产业的融合基础上进行。在文化旅游的经济系统中，自主创新作为动态的内部因素促进着文化产业和旅游产业的结构变化。与此同时，文化和旅游产业的发展方式也会成为产业自主创新活动和相关路径选择的重要影响因素。另外，通过调整他动力系统中的产业政策，也可以对自主创新造成直接或间接的影响，从而推动文化和旅游产业的进一步发展。

创意技术或服务革新可以促使文旅融合，进而实现不同系统主体之间的协同合作，从而使整个系统朝着同一目标发展。相互作用即是技术和服务在扩散过程中互相影响并重新组合的过程，根据这一理论可以得出，文旅融合在本质上可以被视为一种产业创新。文旅融合为产业和企业打开了创新之门，使文化和旅游领域得以拓展，相关产业的价值也得到了提升。服务范围、内容和技术手段的不同是融合创新类文化旅游产品与传统文化旅游产品之间的区别，这些差异直接关系到融合创新类文化旅游产品的质量和销售规模。生产规模的增加又可以扩大融合类文化旅游产品的产业规模，进而吸引更多相关企业（如时尚、农业等）参与，这样一来，企业或者部门在文化旅游经济总体中所占的比例就会随之提高，那么文化产业和旅游产业的构成将会受到影响。因此，融合创新是文化产业和旅游产业结构演化的重要动力，在他动力的协同下促进文化产业和旅游产业系统的有序化。

文化产业和旅游产业结构升级的动力主要来自生产率的提高，每一次创新都是对原有文化旅游供给和旅游需求平衡的打破，促进了文化产业和旅游产业生产率的提高和新型业态的出现，这也是文化产业和旅游产业结构演化的显著标志和基本特征。自主创新对文化产业和旅游产业结构的提升主要体现在以下方面。

①在文旅融合的过程中，产业边界不断突破和延展，新业态不断出现，为消费者提供了种类更为丰富和体验质量更高的旅游产品。

②文旅融合使文化旅游产品和服务都增添了新特点，促使文化旅游新需求产生，随着市场规模的扩大，形成了围绕文化旅游新业态或文化旅游新产品的文化旅游部门产业。

③文旅融合创新提升了文化旅游产业的竞争力，促使资源设施、劳动力和资本等生产要素向生产率更高的产业转移，从而引起就业结构和资本结构的调整。

④创意知识、规划（策划）能力、管理技术、科学技术和资本等要素的积累是文化旅游创新的基础和源泉，融合创新成果主要集中在知识、资本、技术密集的文化旅游项目上，然后通过资本扩散、技术扩散、知识扩散、产业间的技术关联和市场关联提高产业水平，从而引发文化产业和旅游产业的结构调整。

结合文化产业和旅游产业的特点，可以推导出在融合背景下文化旅游产业结构的演化路径（见图 1–4–2）。在竞争激烈的背景下，通过内外因素的作用实现文旅融合发展，文化旅游企业凭借领先优势，利用规模效应、协作效应和垄断效应取得先发优势，并通过正反馈来强化这种路径变迁，实现文化旅游产业的路径依赖，从而在网络效应和规模报酬递增中获取最大利益。融合背景下，文化产业和旅游产业的范围进一步扩大，新的文化旅游业态不断出现，导致文化产业和旅游产业内的竞争压力进一步加大。竞争压力促使某些传统文化企业和旅游企业致力于创新，于是形成了文化产业和旅游产业的差异化。创新在整个文化产业和旅游产业及关联产业中扩散，加上创新文化旅游产品的市场扩散和政府政策的引导，从而促使文化产业和旅游产业结构调整和升级。

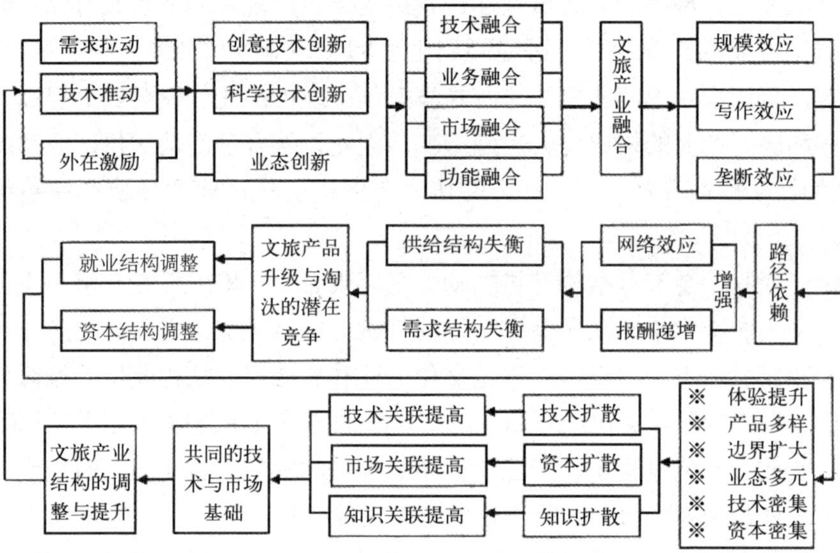

图 1-4-2　融合背景下文化旅游产业结构的演化路径

二、文旅融合的特征

在融合过程中，旅游产业依托地区丰富的旅游资源、鲜明的旅游形象、完善的基础设施以及齐全的配套服务设施等为旅游者提供服务，文化产业依托丰富的文化资源、发达的经济条件、完善的服务设施等为文化消费者提供服务。融合形成的文化旅游产业在产业融合－协同效应的作用下，带动区域文化旅游经济的发展。融合后的文化旅游产业具有如下特征。

（一）竞争性与协同性并存

融合后形成的文化旅游产业内部由原属于不同产业门类的部门组成，它们在业务上相互配合、相互促进、协同相处，但新产业也面临激烈的竞争。由于文化旅游会创造较大的收益，必将出现大量同类型企业参与分割市场“蛋糕”，尤其在产业形成初期，市场格局不稳定，竞争尤其激烈。

（二）综合性和专业性同在

新产业融合了传统分类下的多个产业部门，它们共同为文化旅游者提供一系列服务。同时，这些服务专业性较强，每一个环节都需要专业的工作人员才能出色完成，整个过程需要考虑市场、法律、消费习惯等一系列要素。

（三）主题性强

文化旅游不同于普通的观光旅游，它以文化为主题和内涵，使旅游者在游览过程中能深入体验文化。每一项旅游活动都是有目的、有主题的，文化旅游者消费该产品的目的性十分明确，因此文化旅游必然要有一个十分鲜明的主题。

（四）具有高效性

文旅融合既提高了文化资源的价值，也更好地满足了旅游者的体验需求，使旅游效果得以提升，经济效益和文化效益都得到充分实现。

（五）具有多要素特征

文旅融合要想形成文化旅游产业，需要多种要素投入，其投入的主要是“软体”要素，并且各要素所起的作用也不同（见图 1–4–3）。

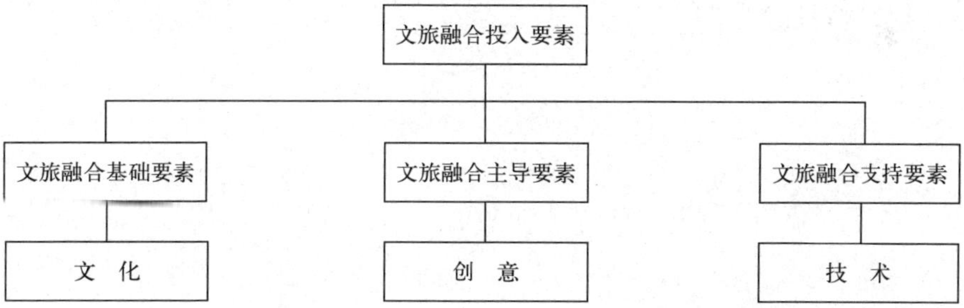

图 1–4–3　文旅融合的投入要素

文化是文旅融合的基础要素。不管是作为生产要素的文化资源，还是作为产出的文化旅游产品和服务以及文化旅游体验，都以文化为基础。资源是否具有文化内涵决定着其能否作为文化资源，没有文化的资源不可能成为文化旅游产业开发、创造、加工的对象。文化含量的高低决定着文化旅游产品和服务的使用价值和价值高低，决定着其生命周期长短，没有文化内涵的产品和服务就没有价值和生命力。

创意是文旅融合的主导要素。文化旅游产业是一个知识密集型产业，从生产要素、生产过程到产出都以文化为对象，通过创意等对文化内容和形式进行创造、生产。创意是提高文化生产力、促进文化产业价值形成的过程，是文旅融合的首要环节和主要动力。

技术是文旅融合的支持要素。技术的发展以及与文化、旅游的整合，使文化创造、生产、流通、消费及其各个环节的联结方式不断完善，传统的文化产业和旅游产业不断改造、升级，文化行业和旅游产业进一步融合，新的业态不断出现。因此，技术成为文化旅游生产力的重要组成部分。

（六）具有全景价值链特征

全景价值链最初由食品行业提出，指的是从原料到生产再到成品全程可追溯，这样可以保证食品生产的每一个环节安全。文化旅游产业具有强关联性和开放性，文化旅游产品具有组合特性，这关系着文化旅游产业链的形态，导致其不是单纯的链式结构，而是以网状结构为主。文旅融合是一个不断发展的动态过程，其价值从产生到实现的每一个阶段和每一个价值链都是融合发生的切入点。从文化旅游资源范围的不断扩大到文化旅游产品的创意组合，从价值开发与创造到文化旅游产品消费价值的产生，在创意的支持下，每一个阶段都可能会发生融合。因此，在文旅融合的过程中，融合的发生具有确定性，融合的产生时间和地点具有随机性，总体而言，文旅融合可以发生在产业价值链的任何环节，这使得文旅融合具有全景价值链特征。

第二章　文旅融合的理论概述

本章为文旅融合的理论概述，共分为三个部分。第一部分为文旅融合理论的基本内容，包括文旅融合的基本概念、文旅融合的核心理论以及文旅融合遵循的原则三个方面；第二部分为文旅融合理论的研究目的和意义，主要有文旅融合理论的研究目的和文旅融合理论的研究意义两方面内容；第三部分为国内外文旅融合理论的综述，主要从国外文旅融合研究和国内文旅融合研究两个角度进行论述。

第一节　文旅融合理论的基本内容

一、文旅融合的基本概念

1．融合

从物质或文化形成过程的维度理解的融合，表示熔化后再凝聚或与新物质融合并再次形成新的物体。例如，由五种艺术融合为一体的歌剧，其就是五种艺术相辅相成的综合艺术。从组合衍生或生物学维度理解的融合，表示在繁殖过程中不同物质的相互结合。

（1）引证解释

原物质在高温下逐渐熔化，与新物质融为一体。例如，“孱水出孱山，其源出金银矿，洗，取火融合之，为金银”。① 出自晋朝著名史学家常璩的《华阳国志》。“天人报应，尚堕渺茫；上下融合，实关激劝。”出自宋朝陈亮《书赵永丰训之行录后》。②

（2）心理解释

由于自身发展需求或生存环境的不同，个体或群体自身会形成极具特点的心

① 常璩．华阳国志[M]．济南：齐鲁书社，2010．

② 陈亮．陈亮集[M]．上海：上海古籍出版社，2021．

理活动。随着群体或个体的发展，群体或个体在社会中将不同程度地与具有其他特点的个体相互接触，致使其与他人的思想观念或心理活动产生碰撞。通过熟悉和了解之后，不同个体的情感关系、认知理解或态度倾向等方面会逐渐变得协调，从而达到相互融合的状态。

（3）主要表现

融合的五个表现比较突出：一是经济水平差异产生的融合，如贫富群体之间的融合等；二是性别差异产生的融合，如男性思维和女性思维之间的融合等；三是东西方文化差异的融合，即文化和种族差异而形成的通融、调适乃至合作等；四是代际关系产生的融合，如父辈和子辈之间的观念融合等；五是社会阶层或身份地位产生的融合。

2. 文化

文化分为非物质文化和物质文化，它是人类社会长期发展的精神活动及其产物，与经济、政治相伴而生，但又与经济、政治有所区别。艺术、科学、教育皆属于广义的文化，而文化与经济、政治相互关联、相互作用，所以很难对文化进行准确的界定。文化顺乎时代潮流，具有不定性，每一个时期都会呈现出一个时期的特色文化。

（1）考证解释

考证“文”字，各色交错的纹理是其本底意义。“物相杂，故曰文。”[①] 出自《周易·系辞传》，而《说文解字》称“文，错画也，象交叉”[②]，均指此义。基于以上意义，“文”随着人类历史的进步，又产生若干引申义：一是由伦理之说导出装饰、彩画、人为修养之意；二是包括语言文字在内的各种象征符号，进一步具体化为礼乐制度和文物典籍等；三是涵盖美、善、德行的意思，即《礼记·乐记》中的“礼减而进，以进为文”[③]。

考证“化”字。“化”的本义为造化、生成。《庄子·逍遥游》中“北冥有鱼，其名为鲲。鲲之大，不知其几千里也；化而为鸟，其名为鹏。鹏之背，不知其几千里也”[④] 的“化”意指性质变化乃至事物形态的改变。此外，“化”还衍生为教行迁善之义。

---

① 金景芳．《周易·系辞传》新编详解 [M]. 沈阳：辽海出版社，1998.

② 许慎．说文解字 [M]. 北京：中国长安出版传媒有限公司，2020.

③ 王祎．《礼记·乐记》研究论稿 [M]. 上海：人民出版社，2011.

④ 庄子．庄子 [M]. 哈尔滨：北方文艺出版社，2019.

据考证，战国末年就有“观乎天文，以察时变；观乎人文，以化成天下”[①]之说。在《周易·系辞传》中，较早出现了“文”与“化”二字并联使用，其中的“文”即“天文”，亦即自然规律。同理，“人文”即人伦社会规律，指人与人之间在社会生活中纵横交织的关系。在这句话中，“化成天下”与“人文”紧密联系，其体现的“以文教化”的主张已然十分明确。随着空间的变换与时间的更替，文化渐渐潜化为一个外延宽广、内涵丰富的多维概念，成为众多学科阐发、探究、争鸣的对象。

（2）概念界定

文化被传统观念看作一种社会现象，它是人类社会与历史的积淀物，这种沉积物既是人类长期创造形成的产物，又是一种历史所呈现的具象。准确地说，文化凝结在物质之中又不完全等同于物质，是一个民族或者一个国家的行为习惯和规范、生活和思维方式、艺术文化、科学技术、价值观念等。它是一种对客观世界的感性认识与经验的升华，是人们因交流而普遍认可的一种可传承的意识形态。

人们通过自我的不断认识、不断改造来获得使用的符号（以图像为辅，文字为主）与声音（音韵、音符为辅，语言为主），这种体系的总和就是我们所说的文化。简而言之，文化是文字和语言的总和。

（3）不同维度的解释

一是哲学的维度。从哲学维度解析，文化本质上是哲学思想的体现。文化的不同风格是对哲学的地域性和时代性的反映。一般来说，社会制度的变化源于哲学思想的变革，即压制旧文化和促进新文化的兴起。

二是存在主义维度。从存在主义维度解读，文化是描述个体的存在方式或描述群体的存在方式。人们具有自然属性，同时也存在于某一个时代和一定的历史时期中，文化的个性指一定时期内人们的行为方式和语言表述方式，以及人们的认知、意识或相互之间的交往方式。文化不仅是对群体外在行为的描述，还特指单个人的感知和对自我心灵意识的解读。

三是文化研究的维度。文化即使属于意识形态也不会对其他方面排斥，这是从文化研究的维度解读文化。文化的观念形态包括宗教信仰、价值观念、法律政治等意识形态的东西。

四是人类创新的维度。文化是人类创新活动得以传播的手段、人类认知永恒

① 金景芳.《周易·系辞传》新编详解[M].沈阳：辽海出版社，1998.

拓展的载体、人类技术创新水平提升的工具。文化是人类社会所特有的产物且由人类创造，文化是智慧群族内在精神的既有、创造、传承、发展的意识与一切群族社会现象的总和。

3. 文化融合

文化融合是指在民族传统文化的基础上进行文化交流，并通过有选择性地吸纳外来文化，以促进自身发展的过程。文化既具有民族性又具有时代性。民族文化既不能排斥外来文化，也不能全盘外化，对外来文化的吸纳应遵循取其精华、去其糟粕的原则。

在文化融合过程中，首先，文化融合的前提是两种文化因传播而发生接触；其次，两种文化接触后必然发生撞击，在撞击过程中适度选择对方的精华，揭示每种文化都具有顽强表现自己和排斥他种文化的特性，即优胜劣汰；最后，在原来的两个文化体系中各自选取对方的有益文化元素，经过适度的调适整合融为一体，一种新的文化体系逐步形成。文化融合是文化调整的方式之一，如现代美国文化就是跨区域的多种文化融合的结果。两种比较接近的文化体系接触后，原来的文化体系随之改变其形貌，甚至消失，从而一种新的文化体系逐渐形成。

4. 旅游

“旅”是旅行，指在空间上从甲地到乙地行进且实现某一目的；“游”是为实现观光、游览、娱乐这些目的所进行的旅行，二者合起来即旅游。所以，旅游相对旅行而言，带有观光、游览、娱乐等目的，而旅行偏重于“行”。

（1）有关旅游的古诗

南北朝诗人沈约在《悲哉行》中说：“旅游媚年春，年春媚游人。”① 唐代贾岛在《上谷旅夜》中曰：“世难那堪恨旅游，龙钟更是对穷秋。故园千里数行泪，邻杵一声终夜愁。”② 清代陆以湉在《冷庐杂识·孔宥函司马》中说：“廿载邗江路，行吟动值秋……旅游复何事，飘泊问沙鸥。”③

（2）旅游的目的

现代旅游的目的主要涵盖以下几方面的内容：一般消遣性旅游，指自主决定的或非强制性旅游活动；会议和商务旅游，会议和商务通常和一定量的消遣旅游休闲结合在一起，参加会议的公务活动也被视为旅游休憩；体育旅游，指与重大

① 郭茂倩．乐府诗集[M]．夏华，等编译．沈阳：万卷出版公司，2016．

② 孙映逵．全唐诗流派品汇[M]．太原：北岳文艺出版社，1998．

③ 杨征权，姚桂招，张世艳．中国旅游文化[M]．北京：中央民族大学出版社，2017．

体育赛事联系在一起的康体旅游；宗教旅游，指以宗教考察为目的的文化休闲活动；互助旅游是一种新兴的旅游方式，旅游者与当地居民互相帮助，交换住宿设备、餐饮等，因为当地人的介入，旅游者不仅能更深入地体验当地的人文和自然景观，而且还节省了旅费。

（3）旅游的分类

依据旅游者到达目的地的地理范围划分，旅游活动可以分为国际旅游和国内旅游。按旅游性质和人们出游的目的划分，旅游活动可分为六大类：宗教朝圣类；探亲、访友类；健康医疗类；商务、专业访问类；休闲、娱乐、度假类；其他类。按参加一次旅游活动的人数划分，旅游活动可分为团队旅游、散客旅游、自助旅游、互助旅游。

二、文旅融合的核心理论

宜融则融、能融尽融，找准文化和旅游工作的最大公约数、最佳连接点，各领域、多方位、全链条深度融合，实现资源共享、优势互补、协同并进，是旅游产业和文化产业融合发展的总体思路，也是二者发展的优势。

（一）文旅融合的理念

1. 理念融合

（1）以文促旅的理念

文化的生产、传播和消费与旅游活动密切相关。文化资源是旅游发展的核心资源，文化需求是旅游活动的重要动因，文化创意是提升旅游产品质量的重要途径。提升思想道德观念、利用文化资源、将文化创意引入旅游活动，以上文旅融合手段能增强产品吸引力、丰富旅游业态、拓展旅游发展的空间。公共文化机构、对外文化交流平台等能够为旅游者提供更加丰富的服务，从而促进旅游推广。

（2）以旅彰文的理念

要深刻认识到，旅游是文化建设的重要动力、文化传播的重要载体、文化交流的重要纽带。发挥旅游的产业化、市场化优势能够丰富文化产品供给方式、供给渠道、供给类型，带动文化产业发展、文化市场繁荣；发挥旅游公众参与多、传播范围广等优势，能够扩大文化产品和服务的受众群体和覆盖面，对内更好地传播中国特色社会主义文化、弘扬社会主义核心价值观，对外增强国家文化软实力、提升中华文化影响力。

(3) 和合共生的理念

要深刻认识到，文化是旅游的灵魂，旅游是文化的载体，二者相辅相成、互相促进。只有文化和旅游相互支撑、优势互补、协同共进，才能形成新的发展优势和新的增长点，开创文化创造活力持续迸发、旅游发展质量持续提升、优秀文化产品和优质旅游产品持续涌现的新局面，更好地满足人们对于美好生活的新期待、促进经济社会发展、增强国家文化软实力和中华文化影响力。

2. 产业融合

(1) 促进业态融合

实施"旅游+""文化+"战略，推动旅游、文化及相关产业融合发展，不断培育新业态。深入实施"互联网+"战略，推动文化、旅游与科技融合发展。统筹推进文化生态保护区和全域旅游发展，推动表演艺术、传统技艺等门类非遗项目进重点旅游景区、旅游度假区；推进红色旅游、旅游演艺、文化遗产旅游、主题公园、文化主题酒店等已有融合发展业态提质升级。

(2) 促进产品融合

加大对旅游资源和文化资源的挖掘力度，以文化创意为依托，推动更多资源转化为旅游产品。开发一批具有文化内涵的旅游商品，并将开发成熟的文创旅游商品推向市场，接受广大旅游者的检验。建立一批文化要素完善、文化主题鲜明的特色旅游目的地。支持开发集文化创意、度假休闲、康体养生等主题于一体的文化旅游综合体。推出更多文化遗产、寻根、研学等文化旅游专题线路和项目。

(3) 释放大众文旅需求

构建促进旅游和文化消费的长效机制，顺应旅游者和当地居民消费升级趋势，积极培育体验消费、网络消费、时尚消费、智能消费、定制消费等消费新热点，完善行业标准体系、服务质量评价体系和消费反馈处理体系。

3. 市场融合

(1) 促进市场主体融合

鼓励旅游企业与文化机构对接合作，支持文化和旅游企业做优做强，推动形成一批以旅游和文化为主业、以融合发展为特色、具有较强竞争力的骨干企业和领军企业。优化营商环境，促进创新创业平台和众创空间服务升级，为文化和旅游领域小微企业、民营企业融合发展营造良好的政策环境。

(2) 促进市场监管融合

及时加强关注，引导融合发展的新业态，不断更新监管理念。实施各类专项整治和专项保障活动，建设信用体系，开展重大案件评选、举报投诉受理、证件管理等工作，统筹规范文化市场和旅游市场。

4. 服务融合

协同推进旅游与文化的公共服务、为居民和旅游者提供服务、发挥好综合效益是深化文旅融合发展的重要内容，具体如下。

第一，统筹公共服务设施建设管理。改造、建设一批文化和旅游综合服务设施，推动公共文化设施和旅游景区的设施同标准规划、建设、管理。

第二，统筹公共服务机构功能设置。在旅游公共服务设施的改造、修建过程中增加文化内涵、彰显地方特色；利用公共文化机构平台，加大文明旅游宣传力度。

第三，统筹公共服务资源配置。推动公共服务进旅游景区、旅游度假区，构建主客共享的文化和旅游新空间，在旅游者聚集区积极引入书店、剧场、影院等文化设施，统筹实施一批文化和旅游服务惠民项目。

（二）文旅融合的维度

文旅融合在价值和精神层面的契合主要体现在文化和旅游在功能和价值的一致性上。文化是人类的价值创造，是一个民族的精神和灵魂，是国家发展和民族振兴的重要方式，旅游的价值既表现在旅游者追求的精神享受和文化熏陶上，也表现在旅游的文明传播功能、文化交流功能和友谊增进功能中。文旅融合可分为以下三个维度。

1. 资源维度的文旅融合

资源维度的文旅融合主要体现在文化对旅游的贡献上。文化让旅游的内涵更加丰富、更富魅力。从资源和产品角度分析，文化和旅游似乎从来就没有分开过。历史上无论是皇帝“巡游”还是官僚“宦游”，抑或是文人雅士“游学”，以及僧侣的“游方”，文化和旅游就是一对“孪生兄弟”，相互包含，相互吸纳融合。传统的文化资源并不是天然的旅游资源，但文化遗产天然具有吸引物属性。文化是包含多层次、多方面内容的统一体系，如哲学、宗教、政治、科学、文学、历史、艺术、风俗等。这些内容并不天然具有吸引物特性，也不见得对普通旅游者有吸引力，与旅游资源直接发生关联的是物质文化或者非物质文化的物化成果。

一个具有独特文化特征并可识别的文化区域，或者更大尺度的文化泛区，因存在大量的不同于旅游者惯常生活环境的文化细节，即文化特质，所以具有了某种吸引力，进而随着旅游业的诞生而成为旅游目的地。例如，博物馆是典型的文化资源，但英国把博物馆变成了非常重要的旅游观光产品。同样是山岳型风景区，如泰山、黄山、庐山、武夷山等，风景虽有不同，但其文化标签才是吸引旅游者、宣传营销的“卖点”。位于美国和加拿大交界的尼亚加拉大瀑布，是世界上最壮观的瀑布之一，但在旅游市场上，尼亚加拉却是蜜月之都，美丽的风光和蜜月文化成为尼亚加拉大瀑布的核心竞争力。

旅游服务环节同样需要文化的积淀。例如，餐饮行业是典型的服务领域，不仅需要技术和态度，还需要文化这个最高标准。旅游星级饭店的基本要求：一星级要求是卫生；二星级要求是亲切；三星级要求是舒适；四星级要求是豪华；五星级要求则是文化。文化是旅游服务的最高境界，总台、大堂副理、餐饮服务、客房服务等各个环节的岗位都需要有文化、有技能、有情操。此外，消费者对于色、香、味、形的要求也是文化。

从文旅高质量发展的角度分析，现在人民群众对文化和旅游的需求已经从有没有、缺不缺发展到了好不好、精不精，为适应文化和旅游供给主要矛盾的变化，文旅融合必须从追求数量转到追求质量和品质上来。当前，我国虽然是旅游大国，但还远算不上旅游强国，显而易见的问题就是旅游产品质量不高、旅游者体验不佳。在全国的景区中，一方面，部分景区存在严重的同质化现象，运营非常困难，处于亏损状态；另一方面，景区的中高端产品又严重供给不足。张朝枝等人认为文化元素在旅游活动中非常重要，只有经过充分解说与合理展示，让文化不断活化，让旅游者真正感受到文化，才能发挥文化的作用。[①] 可以说，文化只是解决了一个“想来看”的卖点问题，如果内容形式表达不到位，好看、耐看、回头看和可欣赏、可享受、可回味的后续问题没有解决，那么文化是旅游的灵魂也就是一句空话。

2. 市场维度的文旅融合

市场维度的文旅融合，主要体现在旅游对文化的贡献上。旅游让文化插上了市场的翅膀，飞得更高，影响更深，活力更强。旅游是文化传播、传承、交流的载体和平台，更是经济和社会效益的检验台。文旅融合的作用主要体现为，文旅融合可以更好地推动文化产业发展，构建现代文化产业体系。旅游产业的市场需求巨大，对文化的带动作用绝对不可轻视。文化一旦经过新的开发和包装进入旅游市场，便从对于本地居民的内在意义转换成了对于旅游者的外在意义，其市场

① 张朝枝，孙晓静，卢玉平．“文化是旅游的灵魂”：误解与反思：武夷山案例研究 [J]. 旅游科学，2010，24（1）：61-68．

价值开始显现。尤其是全域旅游理念深入人心，各地区将全要素、全过程、全方位地推出丰富的文化旅游产品，势必会促进文化产业规模的快速扩大。

当然，旅游市场上容易出现一个现象：一旦文化全部或者绝大多数展现给旅游者，文化的内容便开始异化，往往从真实文化变为表演型文化。市场维度的文旅融合，一是将游客与当地文化、当地居民隔离开来。二是可以更好地推动传统文化的保护和传承创新。一旦进入旅游市场，文化就必须从虚拟化、抽象化、书本化中走出来，走向实体化、景观化、具象化，从传统文化事业的“静态”消费走向新的“动态”消费。实现这种转化的重要途径就是文化创意。例如，依托民俗文化发展民俗旅游，让更多的民间工艺、民俗节庆增强生命力；依托乡村文化发展乡村旅游、乡村度假，进一步激发乡风、乡愁、乡情；依托革命文化发展红色旅游，进一步弘扬爱国热情；依托中华传统文化发展研学旅游，促进优秀传统文化的挖掘、整理和传播。三是真正实现文化搭台、旅游唱戏，并可通过旅游交流平台来促进文化的交流交融、互鉴互学。

我国是东方文明古国，文化是我国重要的旅游资源，而旅游必将成为我国最广泛的文化市场。所谓以旅彰文，就是作为文化传承、传播、交流的载体和平台，旅游使传统文化具备了市场吸引力，扩大了文化的受众面。从行业角度分析，文化产业与旅游产业具有天然交融的基因、互为因果的需求，文化促进旅游特色化、品质化，旅游提升文化的市场竞争力和影响力。随着机构改革的持续推进和文旅相关部门的持续发力，文化产业和旅游产业两大产业体系最终会形成一个全新的文旅产业体系。

3. 人才维度的文旅融合

文旅融合是供给和需求的匹配。人才是第一资源，培养一支高素质的文化旅游人才队伍是文旅融合发展、文旅产业可持续高质量发展面临的首要任务。当前，旅游行业人才匮乏的局面依然十分严峻，主要表现为两点：一是旅游管理专业毕业生大面积流失，旅游行业留不住人已经成为业内共识；二是新的旅游产业类型快速兴起，如民宿、特色小镇、乡村旅游等，对旅游经营管理人才的需求大幅度增加。根据我国旅游发展的历史进程分析，产生这种现象的主要原因有两个：一方面是旅游职业地位的尴尬。随着旅游产业规模的不断扩大，旅游产业地位不断上升但职业地位急剧下降，旅游从业者的职业吸引力不断下降。另一方面是旅游学科定位的尴尬。20 世纪 80 年代，旅游产业快速发展导致市场对人才需求十分强烈，各地各高校迅速响应，兴办了大批旅游专业，建院建系，但旅游专业的学科人才非常匮乏，不得不从相关学科转入教师，这致使旅游学术研究长期停留在

"嫁接"和"交叉"上，旅游学科自身的学术体系、知识体系、人才培养体系有待完善。文化类人才的培养同样不乐观，很少有高校设置文化产业、文化创意等文化类专业，其原因有三：一是文化学科设置不清晰，有的学校把文化产业、文化创意等专业放在文艺学，有的学校放在管理学，致使文化的学科地位非常尴尬；二是对教师队伍要求很高，没有哪个二级学科能依靠自身力量建立完整的包括艺术设计、文化鉴赏、产业经济等跨学科的专业教师队伍；三是学生就业指向不清晰，文化专业的毕业生虽然知识面广，但是专业性不足、人才适应性不强，从而导致就业困难。

随着国家对文化产业的投入不断增加，产业规模不断扩大、人才需求不断增加，人才供需脱节的问题有望通过文旅融合来解决。可以预见的是，文旅融合将为新型人才的培养带来革命性变化。文旅专业招生将为行业培养既懂文化又懂旅游的专业化人才队伍，解决人才培养与市场需求脱节的结构性失衡问题。

（三）文旅融合的路径

1. 以理念融合为基础

文旅融合既不是把一些简要的文化元素添加在旅游过程中，也不是单纯对文化资源进行旅游产业化的开发，更不是产业间的消融解构、此消彼长，而是蕴含着发展思维、发展理念。正如"文化 +""旅游 +""互联网 +"强调的是产业间的互利共赢、相融共生，文旅融合的理念基础是从思维和理念上树立融合发展的意识。

2. 以职能融合为保障

组建文化和旅游部是全面深化改革、推动国家治理能力和治理体系现代化的重要体现，致力于解决多年来旅游主管部门和文化主管部门在行政管理体制上多头管理、职责分散交叉等管理方面的痼疾，解决如旅游文化资源在利用和保护方面难以协调管理、统筹把握等问题。文化和旅游部的组建只是职能融合的开始，应在理顺管理机构体制机制的基础上，充分整合和发挥资源融合、资本融合、人才融合的优势，推动文化和旅游的可持续发展。

3. 以资源融合为抓手

文化资源所具有的原真性和独特性是文化旅游的灵魂。文化旅游通过利用和活化开发可以转化为具有持续开发潜力和优势的文化资源。此外，文化资源的产业化和商品化能够将静态的物质资本转化为可为人们感受和体验的文化资本，使旅游产业的文化化和文化产业的旅游化得以实现。因此，要深入挖掘文化旅游资源潜力，借助互联网信息技术和融媒体传播技术，推动优秀文化旅游资源保护和活化利用，将资源优势转化为产业优势，释放经济发展新动能。

4. 以产业融合为核心

产业融合的关键在于产业价值链的融通。文化产业和旅游产业有各自的产业发展规律和逻辑，文化产业附加值高、变现能力强且最具融合力，旅游产业经济拉动力、产业带动力和消费感染力强。寻求和匹配文化产业与旅游产业价值链的契合点和融合点，有利于充分发挥文化和旅游在产业发展中的相互作用及在整个社会经济中的推动作用。此外，在文化和旅游产业及相关产业融合发展中，要注重培育和发展新业态，使其成为经济社会持续发展的重要力量。

5. 以科技融合为助推器

文化和旅游产业与科技深度融合，有利于推动文化旅游发展渠道、组织形态、产品形式以及生态环境的变革，进一步开拓市场空间，提升产业效能。2018 年 3 月，国务院印发《关于促进全域旅游发展的指导意见》，提出要推动旅游与文化、科技融合发展，强调要借助大数据技术推动全域旅游发展。随着数字经济的快速发展，人工智能、物联网、云计算、虚拟现实等多领域技术发展迅猛，不断加快着文旅融合。科技的快速发展将带来文化和旅游产业呈现方式与体验感受的颠覆性改变，加快推动文化和旅游产业的深度融合。

（四）文旅融合需要关注的问题

1. 推进职责整合，形成协同合作机制

推进职能整合，确保职责到位。各国政府越来越重视旅游与文化的紧密关系，通过政府管理机构的调整来促进这两个产业共同发展和融合。例如，韩国的文化体育观光部、日本的观光厅、英国的文化传媒及体育部、俄罗斯的体育旅游青年事务部等。但是，行政管理机构的调整并不意味着机制整合工作的结束，重头戏还是职责到位。要根据产业发展的需要，打破文化和旅游行业边界，建设好内设部门职能和旅游政策协调机构，确保职责到位。

2. 理顺区域政府间的协作机制

鉴于我国行政区划和文化区划在空间分布上的不一致性，文旅融合发展要着力推进区域间的广泛合作和统一协调。具体而言就是建立区域文化与旅游合作机制和综合协调机制，明确责任分工，通过整合文化与旅游资源、差异化发展，避免同质化恶性竞争，推动区域文化旅游一体化建设。随着《国家级文化生态保护区管理办法》《大运河文化保护传承利用规划纲要》的颁布，文化旅游跨区域协同发展成为热点。对此，要建立目标明确的文化旅游区域协同发展模式和路径，加强文化协同、组织协同和战略协同，保护文化空间和文化资源的整体性、延续性和特色性，形成协同互助、特色鲜明的发展态势。

3. 完善统计体系，加强数据基础建设

2018 年，国家统计局分别印发了《文化及相关产业分类（2018）》和《国家旅游及相关产业统计分类（2018）》。在将文化产业和旅游产业的分类文件进行比较后，我们能够发现旅游相关的标准中只有在旅游游览、旅游娱乐方面和文化相关的标准中的文化休闲娱乐服务有重叠，其他大部分类别都互不干涉。

文化和旅游产业的统计核算十分烦琐，需要考虑包括产业融合影响在内的多种因素。需要结合产业自身的特点和发展趋势，全面考虑文化和旅游产业是否需要根据其规划进行统一的统计。我们应当重点关注文化产业和旅游产业的数据统计工作，致力于改进基础统计工作，包括完善相关制度方法、扩展数据收集渠道等。除此之外，还需要确立有效的部门协作模式，促进文化产业统计水平的整体提升，应当更加努力地分析和传播文化产业的统计数据，注重数据在实际运用中的意义，制作实用性和可行性更高的专题报告，以此来指导和促进文旅融合发展。

4. 注重文化传承，满足美好生活需求

（1）注重文化传承

文旅融合能够在充分利用传统文化资源的基础上，对其进行文化创新。旅游是文化遗产通过场景化、活跃化和形象化方式得以传承的重要载体，具有丰富的文化资源。利用文化资源来促进文化和旅游产业的发展，有助于强化当地旅游产业的特色，提高产业的竞争力。同时，还有助于保护和传承重要的文化旅游资源，形成良好的城市形象和声誉。当涉及文旅融合发展时，需要有系统化的方法来整理优秀的文化旅游资源，并重视保护这些资源的真实性、完整性和独特性。在结合科技手段和做好资源保护的同时灵活地依照需求推动文化和旅游产业的繁荣发展。

（2）满足美好生活需求

以发扬文化为任务的文旅融合能够使人们获得更好的生活体验，满足其更高层次的需求。文化变迁理论指出，在社会发生变迁时，文化的功能也会随之改变。文化的功能将不再局限于满足人们的生产生活需要，而是开始影响人们的精神世界，抚慰人们的心灵，使其获得高质量的审美体验。文化的这一功能使第三产业在整体上得到了发展，推动了文旅产业的进步，使其作用于市场，又反过来影响自身的交流与传承。

（五）文旅融合的效益

随着人们收入水平提升、消费结构升级和城镇化建设加速，人们在旅游时已不再只局限于观景，还开始追求高质量的文化旅游体验，从中品味幸福与满足。为了让人们在旅游时获得良好的体验，旅游行业需要满足人们日益增长的文化需求，为人们提供高质量的文化旅游资源，同时做好资源的协调与分配，为人们提供高质量的旅游产品与服务。

1. 培育文化旅游新业态

加大融合力度，培育文化旅游新业态。我们之前提到了文化产业和旅游产业的高融合性以及两者之间的耦合性。因此，这两种产业不可避免地要发生重叠。文化产业和旅游产业同时会影响其他产业，使得新业态在二者的推动下得以形成，最终为我国的经济事业做出重大贡献。在这一过程中，我们需要探索并掌握文化和旅游产业的相关规律，从而推动二者进行范围更大、程度更深的融合，进而使二者优势互补，最终实现经济价值的提高。

2. 展开国际视野，提升国民文化自信

文化与旅游是国家形象传播与展示的两个重要领域。二者的融合发展在推动经济发展、增强文化交流、宣传国家形象、增强民族认同感等方面都有着重要意义。国务院在其颁布的《“十三五”旅游业发展规划》中也提到，要构建旅游开放新格局，实施积极的旅游外交战略。文化和旅游部在其公开的《2019 年旅游市场基本情况》中显示，国内旅游市场和出境旅游市场稳步增长，入境旅游市场基础更加稳固。全年国内旅游人数 60.06 亿人次，比上年同期增长 8.4%；入出境旅游总人数 3.0 亿人次，同比增长 3.1%；全年实现旅游总收入 6.63 万亿元，同比增长 11%。旅游业对 GDP 的综合贡献为 10.94 万亿元，占 GDP 总量的 11.05%。旅游直接就业 2825 万人，旅游直接和间接就业 7987 万人，占全国就业总人口的 10.31%。①

三、文旅融合遵循的原则

（一）真实性原则

文旅融合发展过程中要遵循真实性原则。在文旅融合过程中，应对旅游资源

① 中华人民共和国文化和旅游部 .2019 年旅游市场基本情况 [EB/OL]. (2020—03—10) [2023—07—10].https://www.mct.gov.cn/whzx/whyw/202003/t20200310_851786.htm.

进行保护，消除毁坏旅游资源的可能性。旅游产品拥有各种各样的形态，无论是文化遗迹还是天然景观，只要能满足旅游消费者的需求都是旅游产品的价值体现。文旅融合过程中，捍卫具有历史人文价值的旅游资源的真实性是第一底线，对于这些资源，我们可以结合实际情况进行外表修缮，但不能将其大换血。文旅融合绝对不代表着将旅游资源面目全非。众所周知，世界各国都在保护其文化遗产的过程中将真实性原则作为首要遵守的原则。

（二）完整性原则

许多旅游景点因历史原因成为文化遗产，如天津五大道街区。文化遗产是特定地域和时期的产物，保持完整性非常重要。完整性包括结构和系统两方面：结构完整性指内外结构完整，是直观体验；系统完整性指文化遗产与周围事物共生共存。五大道街区就形成了一套文化系统，由道路和其上的人文景观等元素协同构成，形成了独一无二的文化特色，体现出完整性原则。

（三）独特性原则

许多旅游景点兼具旅游产品和文化的特性，这些特性反映了历史价值。尽管时代不断发展，这些文化遗产仍保留着固有的历史印记和文化符号的独特性。每一处文化遗产不仅是旅游产业的一部分，更是人们铭记历史的一种方式。文旅产业的发展不能以毁坏旅游景观的独特性为代价，在进行文旅融合的过程中，我们应当对历史景观充满敬畏，保护文化遗产的独特性。

第二节　文旅融合理论的研究目的和意义

一、文旅融合理论的研究目的

（一）文旅融合的双向驱动作用

1. 文旅融合发展是旅游消费升级的客观需求

我国旅游市场消费升级的主要推动因素包括：一是新一代旅游消费者追求个性化、多样化的旅游体验，对旅游文化性和知识性的需求增加；二是旅游消费者对文化类景区文化属性的需求逐渐增长；三是城市生活快节奏和机械化催生了新一代旅游消费者对回归自然的需求。

2. 文旅融合发展是对旅游人文属性的体认

我国旅游业有时过于注重旅游行业的经济价值，对旅游者的个性化需求考虑不足。然而，作为一种文化行为，旅游寄托了人们的文化需求和精神需要，旅游者所代表的不仅是经济学上的符号更是个体的生命旅程。人们对旅游的考量融合了自身的审美与体验，若想要推进文旅行业蓬勃发展，结合旅游者的个性化需求是十分重要的。

3. 文旅融合是国家与地方文化发展与产业转型的新动能

长期以来，国内在进行文化建设时采用三轮驱动模式，即注重文物保护、建设文化产业和提高公共文化服务水平。但文物保护和提高公共文化服务水平方面存在过于依赖国家资金的现象。文旅融合发展有利于为三轮驱动模式注入新鲜血液，与此同时，还为文化资源多但经济水平不高的地域文化发展带来经济动能，激活地方的特色文化资源。

（二）文旅融合的优势

党的十九大报告指出，我国经济已由高速增长阶段转向高质量发展阶段，社会主要矛盾已经转化为人民日益增长的美好生活需要和不平衡不充分的发展之间的矛盾。文旅产业既关乎经济发展，也关乎民众的幸福。随着产业发展的要求由速度转型为质量，文旅产业也迎来了新一轮的挑战。

1. 文旅融合能满足人民日益增长的美好生活需要

过去，文化产业和旅游产业尽管彼此关联，但因主管部门和统计体系不同，在策划、开发、统计、研究等方面的融合不多，暴露出了各种发展瓶颈问题。结合目前文化和旅游产业的发展形势要求，文化和旅游产业只有深度融合才能进一步满足人民日益增长的美好生活需要，从而实现更持续更健康的发展，这正是当下我国文化和旅游产业发展的方向。

2. 文旅融合符合文化和旅游产业的发展趋势

文旅产业可以通过应用先进技术和创新理念，更加有效地激发市场需求，并促进上下游产业链的协同发展，推动相关产业转型升级，进而为新业态的崛起打好基础。旅游产业的核心在于文化，实践表明，文化元素可以促进旅游产业的建设。随着生活水平的提高，人们越来越注重精神世界，进而也产生了精神需求，对旅游中体现文化要素的要求也变得更加严格。此外，影视、动漫、音乐等文化业态与旅游的融合也要求文化和旅游产业更加广泛和深入地创新旅游产品和营销模式。

3. 文化和旅游产业本身具有综合性、融合性强的特征

文化和旅游产业强大的综合性和融合性既体现在依赖自然的馈赠上，也体现在依赖文化的积淀上。旅游产业的发展与文化产业息息相关，在过去，这些交叉融合领域由不同的管理机构管辖，这在一定程度上导致管辖机构过多、管理局面混乱的情况，阻碍了文旅融合发展。

4. 便于文旅要素的统筹管理和科学开发

文旅融合既要抓“文”也要抓“旅”，必须做到融合发展，实现资源和产品、内容与表达、观赏与体验的结合，促进传统资源的创新转化，实现产业、事业管理的优化，推动业态创新，实现消费升级。

我国文旅融合发展还未达到预期。目前，文化和旅游产业在交叉领域上的发展情况不容乐观，深度交融仍需强化，具体体现在以下几方面：一些地区的历史文化尚未得到充分发掘和展现，旅游景区的特色定位模糊；对优秀传统文化的创新性发展仍存在瓶颈；文化与旅游的协同合作尚未形成统一管理，存在部门精细化管理不足、流程不清、权责不明等问题；政策支持缺乏协调机制，对产业的促进效果不明显，相关扶持政策如税收优惠、财政补贴和产业推动尚不完善，文化与旅游市场运行的规范性有待提升。

同时，我国在人均可支配收入方面，高收入人群与低收入人群之间巨大的差距导致人们对文化和旅游消费认知的差距，在一定程度上制约了文化和旅游的融合发展。我国当前的文化和旅游产品设计总体上还处于跟随阶段，缺少引领时尚的创意性产品、满足人民日益增长的文化需求的个性化产品、文旅与科技融合的高端产品。

在基础配套设施方面，不同地区也存在较大差距。在信息时代，文化旅游基础设施不仅包括传统的交通、住宿、餐饮、酒店、厕所等基本设施，还包括融入新技术的旅游信息化基础设施等。尤其在一些经济不发达的地区，尽管文化旅游资源丰富，但是缺乏相应的基础配套设施，开发起来难度很大，旅游者也难以留下来进行深度消费，导致文化旅游业的发展受到很大的限制。因此，目前东部特大城市群和中西部大城市等基础设施完善的地方仍是主要的旅游目的地。

二、文旅融合理论的研究意义

文旅融合是推动文化产业和旅游产业转型升级、提高质量和效益的重要途径，特别是在经济稳定增长、调整经济结构、深化改革、改善民生的大背景下，进一步推动文旅的深度融合意义重大。

（一）进一步强化融合即发展的理念

从文化角度来看，通过深度研发、整理和创造性运用文化资源、文化遗产和文化传统来回应旅游市场需求，将文化特色融入旅游产品和服务，能够在旅游者体验、感受和认识多元文化的过程中传播独具特色的文化元素。这为地域文化的互动提供了充分的条件，有助于实现文化的内在价值，增强文化影响力，进而推动我国文化事业的发展。从旅游角度来看，文旅融合是推动旅游产业向高质量、高效率、高竞争力方向发展的必然途径。只有在旅游发展的全过程中始终注重提升文化内涵，将景点的视觉效果与其文化内涵相结合，才能充分发挥旅游产业的魅力，吸引更多的消费者，进而提高其在市场上的活跃度与竞争力。事实证明，文旅融合已经成为全世界范围内旅游产业发展的主要方向，且相关领域积累了很多的成功经验。

（二）进一步树立互促共赢理念

文化产业与旅游产业是现代服务业中两个极具发展潜力的产业门类，两者的内涵外延、功能作用具有明显差异，但同时又具有不可分割的联系。在现代服务业中，文化产业和旅游产业拥有着广阔的发展空间，文化产业和旅游产业在内容和功能上存在明显的差异，但又有着密切的联系。文化产业和旅游产业密不可分，两者相互促进、相得益彰，在功能上有着天然的配合优势，在内容上都为受众提供精神消费的服务。文化是旅游的精髓，为旅游赋予了深厚的内涵和特色，而旅游则是文化的展现形式和传播途径，让文化元素得到更广泛的传播和应用。文化的融入能够提升旅游体验的品质和吸引力，而旅游则可以将文化元素转化为实际的经济价值和社会价值。文旅融合发展可以实现相互促进、共同发展的目标，产生积极的叠加放大效应。在推动文旅融合过程中，我们应该注重文化元素和旅游元素的相互融合，实现文化带动旅游发展、旅游促进文化传承的双赢目标。需要注意的是，单纯强调文化内容向旅游产业的植入或者单方面强调旅游产业向文化产业的空间拓展都不足以实现文旅融合发展效益的最大化。只有在相互协调、相互促进的过程中，才能实现文化产业和旅游产业的互惠共赢、共同发展。由此可以看出，互促共赢理念对文化旅游产业发展的重要性，只有在理念上保持积极和开放的状态，文化产业和旅游产业的从业人员才能以更加积极的心态实现文化和旅游产业的蓬勃发展，而不是互相怀疑，最终沦落到分道扬镳、资本吞并、发展停滞的地步。

（三）进一步强化一体化发展理念

文旅融合不是马上就能看到结果的活动，而是一个渐进发展的过程，文旅融合需要被长期持续地推动。为了更好地使文化产业与旅游产业相融，我们需要完善并实施一体化发展，有效共享二者的产业资源，整合生产要素和产业链的各个环节，这种一体化发展注重实现共享理念、共享载体和共享市场的有机融合，进而改善管理机制，使两者的组织结构、发展方向和发展政策实现有机统一。只有保证文化产业和旅游产业的融合是对互相有利的，才能做到二者发展的一体化，进而使产业体系向一体化发展。为贯彻落实一体化发展的理念，我们既需要结合目前的实际发展情况，提高危机意识，同时争取理念落到实处，还需要具有远见和洞察力，坚持不懈地推动两个产业融合进步，使二者在持续互动和共同发展中逐渐融合，向着为国民经济做出伟大贡献的方向前进。

为了推动一体化发展，我们需要进一步增强自身的责任意识和危机意识，不断深化和拓展文旅融合。文化旅游的每一个环节都必须充分融入独特的文化内涵，从而提升旅游的品质和魅力。同时，我们也要通过旅游产业来深入挖掘、优化、丰富和保护文化资源，充分发挥旅游的宣传作用，以独特的市场化手段来使我国的文化软实力获得进一步的提升。

（四）文旅融合发展是提升旅游发展品质的重要手段

旅游业的繁荣发展离不开人文资源的支撑，旅游产品的特色和精品化也需要对文化内涵进行深度挖掘。旅游产业最重要的资源大致可以分为自然和人文两类：自然资源是自然形成的资源，包括山水风景等；人文资源则是人造的资源，不仅包括历经了几千年历史沉淀的文化遗产以及在这过程中形成的历史文化传统和风土人情等，还包括党领导人民群众走过的历史足迹、革命进程。文化资源作为一种资源，本来就可以用于旅游业，即使是天然形成的自然资源，其中也包含着人文的痕迹，其在存在过程中被文化渲染、与文化互相融合，旅游资源的价值会随着人文色彩的营造而变得越来越深厚。随着我国经济的蓬勃发展和人民生活水平的不断提高，大众旅游时代已经到来。然而，传统的以观赏自然景观为主的旅游方式已经不能满足旅游者多元化、个性化的需求。因此，我们需要借助丰富的人文资源来提升旅游的文化内涵和品质，将历史文化传统与现代文明元素融入旅游发展中。同时，还应当大力弘扬民族文化与民族精神，精心打造更多体现文化内涵和人文精神的旅游产品，让自然景观更富神韵，让文化体验更加精彩。这样才能够满足旅游者对于求新、求奇、求知、求乐的需求，使旅游成为一种更具魅力的文化体验。

发展旅游业与建设精神文明息息相关，二者相辅相成，具有重要的内在联系。通过发展旅游业，可以促进传统文化的交流与传承，对增强民族凝聚力有着非常重要的作用。旅游本质上是一种人们热衷参与、涵盖内容多、体验丰富的精神性文化活动，它能使人们更好地认识世界、感悟人生，带给人们深刻的体验。

（五）文旅融合发展是弘扬中华文化的有效路径

人们在旅途中增长知识、拓宽视野、感知文化、涤荡灵魂，其所见所闻、所思所悟，也为文化创作提供了丰富素材和无尽灵感，如《诗经》的很多内容来自民间采风活动，唐诗宋词许多名篇成于山水之间。同时，旅游也是不同国家、不同文化交流互鉴的重要渠道，是传播文明、交流文化、增进友谊的桥梁。像古丝绸之路，既是一条商旅之路，也是一条文化交往之路，每一名商旅游人都是文化使者，每一次旅行活动都促进了文化相通。这就要求我们充分发挥旅游在传播中华文化、培育社会主义核心价值观方面的特殊优势，使旅游成为宣传中华民族灿烂文明和现代化建设成就的重要窗口，成为传播科学知识和先进文化的重要阵地，以及促进民心相通、展示中国形象的重要桥梁。

（六）文旅融合发展是满足人民美好生活需要的必然要求

习近平总书记指出："满足人民过上美好生活的新期待，必须提供丰富的精神食粮。"[①] 种类多样且优质的文化活动是评估人们生活质量的重要标准之一，旅游活动的开展也在一定程度上标志着人们生活质量的提高，旅游业的存在也对于提高人们生活质量至关重要。文化建设和旅游事业在实现人们对美好生活的追求、提升人们生活的满足感和幸福感上拥有着相同的方向与目标。文化产业和旅游产业均属于生活性服务业，二者均呈现出鲜明的综合性特征，是综合性产业的代表，文化产业与旅游产业天然地存在着共通性，彼此之间具有高度的关联度和融合度。另外，根据文化和旅游部发布的《2023 年端午节假期文化和旅游市场情况》来看，在 2023 年端午节假期，文化和旅游行业复苏势头强劲，全国假日市场平稳有序。经文化和旅游部数据中心测算，端午节假期 3 天，国内旅游出游人数 0.16 亿人次，按可比口径恢复至 2019 年同期的 4.1%；实现国内旅游收入 373.10 亿

① 习近平．习近平著作选读（第二卷）[M]．北京：人民出版社，2023.

元，按可比口径恢复至 2019 年同期的 94.9%。[①] 上述数据为我们展现了文旅融合的广阔的发展空间。因此，我们需要关注文化与旅游的发展需求，顺应融合发展的趋势，精准找到突破口，并充分发挥协同作用；要推动文化与旅游的相互促进、优势互补、共同进步，不断拓展新的发展领域，形成新的发展优势；要努力创造文化创新持续活跃、旅游产品与服务品质持续提升的新局面，让人们在享受高品质文化体验和旅游服务的过程中增强生活的幸福感。

第三节 国内外文旅融合理论的综述

文旅融合，简而言之是文化产业与旅游产业相互补充、相互渗透、相互促进的结果。通过梳理相关的文献资料可以发现，尽管文旅融合近几年一直是业界讨论热词，引发了国内外相关专家学者的关注与思考，国内大量的学者对文旅融合进行了深入的研究，但目前对文旅融合概念的界定仍然没有达成共识。主要原因是文化产业和旅游产业的边界概念模糊，且两大产业自身就没有明确的定义。例如，厉无畏认为产业融合是指不相同的产业之间相互影响、渗透形成新的产业形态的过程。[②] 在此基础上，翁钢民等人形成了较为完整的文旅融合概念，他们认为通过文化产业和旅游产业两大产业间的互补和延伸，可以形成文化旅游形式的新产业业态和产品形态，实现文旅产业的互动融合。[③] 文旅融合一词虽是由我国提出来的，但关于文旅融合的研究，国内外学者都进行了大量的探索。

一、国外文旅融合研究

截至目前，国外学术界还没有明确提出文旅融合的概念，主要是一些应用性研究。国外对文旅融合的研究主要聚焦于两个方面：一是从文化旅游的角度出发，侧重研究文化与旅游的关系；二是侧重于文化产业与旅游产业相互影响的研究。

---

① 中华人民共和国文化和旅游部．2023 年端午节假期文化和旅游市场情况 [EB/OL]. (2023-06-24) [2023-07-10].https://www.mct.gov.cn/whzx/whyw/202306/t20230624_944663.htm.

② 王华，邹统钎．文化与旅游融合的理论与实践 [M]. 天津：南开大学出版社，2021.

③ 同②．

（一）综合文化与旅游视角下的文旅融合

对于文化与旅游的研究，国外学者普遍认为文化与旅游既相互独立又相互依存、相互影响，他们认为文化是旅游发展过程中不可或缺的内容，文化资源越丰厚、条件越优越的城市，文化旅游发展质量越高。刘易斯认为文化是城市功能里最核心的要素，文化是城市产生的原始机制和最终的发展目的，文化具有储存、传播与交流、创造与发展三项基本功能，旅游在文化传播与交流中扮演着重要的角色。[①] 有学者以北塞浦路斯为案例进行研究，他指出当地政府在制定旅游政策时若不能明确定位当地的文化价值与内涵、采取适当的方法维护目的地的本真性，那么独特的城市文化就会因为没有获得有效率的开发利用而逐渐丧失，这对旅游目的地的长久发展不利。[②] 他通过研究说明了文化旅游对以旅游业为主要经济来源的小岛的重要作用，强调了文化旅游在旅游产业中的重要作用。还有学者在其研究成果中解释了文化旅游在当今社会是如何被新的技术所强化的。[③]

（二）文化产业与旅游产业相互影响

对于文旅产业相互影响的研究，国外学术界热衷于选取一个案例地进行研究分析，马克威克在其研究中选取 1985 年前后的马耳他进行分析，在研究中他密切关注了马耳他当地的文化产业对旅游活动和旅游方式产生的影响，他认为文化产业能够直接影响旅游活动发展的可持续性，除此之外，他还分析了国际文化旅游趋势和政府政策对当地旅游产业多样化的影响。[④] 有学者则选取尼日利亚克罗斯河州作为研究地，主要分析了旅游发展对当地文化产业的影响，认为发展旅游能够推动当地文化产业的发展，提出政府要重新制定合理的旅游政策来促进文化旅游产业的发展。[⑤] 伊斯梅尔等人研究了文化产业对旅游产业发展的影响程度，提出了旅游产业现实与期望的差距模型。[⑥] 沙里宁则选取波札那作为研究地，分

---

① Lewis Mumford.The Culture of Cities[M]. London：Secker&Warburg，1940.

② Markwick M.Malta's tourism industry since 1985：diversification，culture tourism and sustainability[J]. Scottish Geographical Journal，1999,115（3）：227—247.

③ Ogaboh Agba A M，Ikoh M U，Bassey A O，et al.Tourism industry impact on Efik's culture，Nigeria[J].International Journal of Culture Tourism and Hospitality Research，2010，4（4）：355—365.

④ 同②.

⑤ 同③.

⑥ Esmaeil K，Ramezanali R，Alireza E.Model of determining the expectations gap between the status quo and desired status of tourism industry based on cultural indices[J].Asian Social Science，2011，7（7）：75—83.

析发展文化产业对城市现有文化资源和旅游多元化造成的影响，他认为当地文化旅游业的进步不仅有助于实现旅游产业的公平分配，还有利于协调社区利益相关者之间的关系，进而推动当地环境的可持续发展。[①]

二、国内文旅融合研究

国内对于文旅融合的研究是随着政策的推出不断深入的，文旅融合由国家层面提出，文化和旅游部合并也让越来越多的学者开始研究文旅融合的内容，学术成果与日俱增。阅读整合文献后可以发现，我国文旅融合研究数量从2005年开始逐年攀升，相关研究发布的文章主要集聚在2007—2018年，文章的总量呈现增长趋势，国内学者对文旅融合研究主要为三个阶段：2008年以前为萌芽期，2009年至2017年为发展初期，2018年以后为全面发展期。

（一）文旅产业关系

曹诗图等人通过研究湖北省宜昌市的文化与旅游产业，从旅游对文化的推动作用与文化对旅游的促进作用出发，研究说明文化与旅游产业是相互交融、密不可分的关系。[②]张海燕等人认为文化与旅游产业是互通互融、相互依存的共生关系，他们认为文化产业对旅游产业有辐射效应，文化产业影响着旅游产业的发展，同样旅游产业对文化产业的发展也有引致效应。[③]赵蕾等人认为旅游伴生着文化，旅游产业具有开放性，文化产业具有渗透性，两者之间存在着旅游吸纳文化、文化渗透旅游的现象。[④]邢启顺则主要研究西南民族地区的文旅产业发展，在他看来，文化产业能够丰富旅游业的内涵，而旅游业的发展又能够带动当地文化产业的发展。国内学者还对文旅融合进行了定量的探讨。[⑤]李凌雁等人利用探索性空间数据分析法对文旅融合的发展进行定量分析，从定量的角度肯定了文旅产业之间互

① Saarinen J，Moswete N，Monare M J. Cultural tourism：new opportunities for diversifying the tourism industry in Botswana[J].Bulletin of Geography.Socioeconomic Series，2014（26）：7—18.

② 曹诗图，沈中印，刘晗．论旅游产业和文化产业的互动与整合：以湖北省宜昌市为例[J].特区经济，2005（10）：189—191.

③ 张海燕，王忠云．旅游产业与文化产业融合运作模式研究[J].山东社会科学，2013（1）：169—172.

④ 赵蕾，余汝艺．旅游产业与文化产业融合的动力系统研究[J].安徽农业大学学报（社会科学版），2015，24（1）：66—71.

⑤ 邢启顺．西南民族文化产业与旅游融合发展模式及其社会文化影响[J].云南民族大学学报（哲学社会科学版），2016，33（4）：122—127.

相依存、共同发展的关系。[①] 鲍洪杰等人选取甘肃为研究对象，用定量的方式分析了甘肃文旅产业之间的关联性与相互作用，研究运用了物理学的耦合模型，分析了文旅产业间的关系。[②] 张广海等人则从产业价值链的角度出发研究文旅融合的过程，通过投入产出表发现文旅产业间有很强的产业关联性。[③]

（二）文旅融合的机制

国内学者认为文旅融合机制是促进文旅融合的内在动力。王华东、吴倩从产业之间互相融合、供给与需求互相影响的角度出发，分析文旅融合机制，探讨贵州省文旅融合的发展现状。[④] 辛欣以开封市为案例研究地构建文旅融合机制模型，从外驱力和内驱力两个研究角度对文旅融合进行了分析。[⑤] 张海燕和王忠云研究分析了文旅融合运作的驱动力，认为企业行为、旅游者需求、中介机构发展、市场机制运行和政府主导是营销文旅融合机制的关键因素。[⑥] 霍艳莲分析了文旅融合的对立统一和价值链传递、融合模式选择及融合阶段递进。[⑦] 梁峰和郭炳南则构建了文旅商融合的机制模型，认为文化、旅游、商业具有内在相关性，通过数据分析来验证模型的有效性。[⑧] 周建标提出整合延伸和集聚互补两个文旅融合机制，主张从纵向与横向的延伸中全方位地寻找两大产业的关联点，以促进两大产业的高效融合。[⑨] 马振涛认为服务融合是文旅融合发展中的关键，它起到了连接两大产业的内在关联作用，是文旅融合不容忽视的关键环

---

① 李凌雁，翁钢民．我国旅游与文化产业融合发展水平测度及时空差异分析[J]. 地理与地理信息科学，2015，31（6）：94—99.

② 鲍洪杰，王生鹏．文化产业与旅游产业的耦合分析[J]. 工业技术经济，2010，29（8）74—78.

③ 张广海，孙春兰．文化旅游产业融合及产业链构建[J]. 经济研究导刊，2012（12）：152—154.

④ 王华东，吴倩．贵州省旅游产业与文化产业融合发展研究[J]. 经济视角（下），2012（5）：14—16.

⑤ 辛欣．文化产业与旅游产业融合研究：机理、路径与模式[D]. 郑州：河南大学，2013.

⑥ 张海燕，王忠云．基于产业融合的文化旅游业竞争力评价研究[J]. 资源开发与市场，2010，26（8）：743—746.

⑦ 霍艳莲．产业融合视阈下文化产业与旅游产业的融合效应、机理与路径[J]. 商业经济研究，2015（12）：126—127.

⑧ 梁峰，郭炳南．文、旅、商融合发展的内在机制与路径研究[J]. 技术经济与管理研究，2016（8）：114—118.

⑨ 周建标．文化产业与旅游业的产业链融合机制及实践应用[J]. 西藏发展论坛，2017（5）：38—41.

节。[①] 由少平认为相关部门要建设新制度，提升社会公众参与，从而促进文旅机制融合。[②]

（三）文旅融合的路径

文旅融合的路径是学术界探讨的热点，汪清蓉较早地研究文旅融合，她认为要从制度文化、市场、资源三个方面对文化产业与旅游产业进行深度整合。[③] 刘艳兰运用实证分析的方法研究《印象·刘三姐》，认为文化理念、科技手段及市场机制三者联合是文旅融合发展的路径。[④] 辛欣认为，文旅融合有路径资源、技术、功能、业务、空间和市场六种方式。[⑤] 钟晟在其博士论文中以武当山为案例研究地，以文化意象为研究基石，从理论、实证到实践分析了文旅融合的发展，并提出了武当山文旅融合的路径。[⑥] 李想和胡炜霞研究了丝绸之路的发展现状与面临的困境，对现存的问题提出了技术、资源、功能和市场文旅融合的四条路径，为丝绸之路的文旅发展提供了相应的建议。[⑦] 尹华光等人以武陵山片区为案例研究地，提出资源整合、市场整合、营销整合、政策整合机制，促进文旅产业发展。[⑧] 桑彬彬提出消费需求是融合原动力，旅游产业转型升级是融合压力，技术创新是融合推动力，文化体制改革是融合支撑力，并探讨了旅游产业价值链与文化产业价值链的融合过程。[⑨] 张佳笳认为由于文化与旅游产业本身各自在产业特点和功能上的差异，要更加注重融合的方式，她认为资源融合、技术融合和市场融

① 马振涛．旅游市场秩序整治事关文旅融合发展大局 [N]. 中国旅游报，2019—03—11（3）.

② 由少平．理念融合、机制融合、创新融合：文旅融合发展的着力点 [J]. 人文天下，2019 (1)：2—4.

③ 汪清蓉．文化产业与旅游产业整合创新模式研究：以佛山市文化与旅游产业为例 [J]. 广东商学院学报，2005（1）：68—72.

④ 刘艳兰．实景演艺：文化与旅游产业融合的业态创新：以桂林阳朔《印象·刘三姐》为例 [J]. 黑龙江对外经贸，2009（8）：105—106.

⑤ 辛欣．文化产业与旅游产业融合研究：机理、路径与模式 [D]. 郑州：河南大学，2013.

⑥ 钟晟．基于文化意象的旅游产业与文化产业融合发展研究 [D]. 武汉：武汉大学，2013.

⑦ 李想，胡炜霞．丝绸之路旅游产业与文化产业融合路径探讨 [J]. 山西师大学报（社会科学版），2015，42（3）：85—88.

⑧ 尹华光，邱久杰，姚云贵，等．武陵山片区文化产业与旅游产业融合发展效益评价研究 [J]. 北京联合大学学报（人文社会科学版），2016，14（1）：79—88.

⑨ 桑彬彬．旅游产业与文化产业融合发展的途径 [J]. 旅游研究，2016，8（5）：3—5.

合是实现文旅融合良性发展的路径。[①] 刘星注重产业链的融合研究，认为文旅融合要注重产业的产品、营销和生产要素等的融合。[②] 关丽萍等人认为资源本体的文化特色、信息技术、产品体系、社区参与、文化创意是文旅融合的五大路径。[③]

① 张佳茹．旅游产业与文化产业融合机制及双向发展模式探索[J]．商业文化，2017（25）：59–61．

② 刘星．贵州省文旅产业融合发展的基础与路径研究[J]．贵州商学院学报，2018，31（3）：21–28．

③ 关丽萍，慕慧洁，孟庆刚．文化与旅游融合发展路径研究[J]．旅游纵览（下半月），2019（18）：28–29．

第三章　文旅融合的发展现状

本章对文旅融合的发展现状进行了论述，首先，从文旅融合的新认知、文旅融合的发展诉求两个方面介绍了文旅融合的新认知与发展诉求；其次，从文化要素形态融合、现代文化产业延伸融合、公共文化产品转型融合三个方面介绍了文旅融合的发展模式；再次，从文旅融合发展规划的研究与实践、文旅融合发展规划的相关内容两个方面，阐述了文旅融合的发展规划；最后，介绍了文旅融合的市场动力机制，包括文化是文旅市场的核心战略资产、旅游是文旅市场的空间生产方式。

第一节　文旅融合的新认知与发展诉求

在当前背景下，文旅融合的具体情况也发生了一定的变化，要想更好地推动文旅融合发展，须重塑文旅融合新的认知，并了解文旅融合的发展诉求。本节对文旅融合的新认知与发展诉求进行了具体阐述。

一、文旅融合的新认知

文化与旅游两者之间的关系是密不可分的，文化界与旅游界都认为文化是旅游的灵魂，旅游是文化的载体。文化和旅游之间是天然契合的，两者的融合能够活跃旅游市场，促进消费升级，并推动文旅行业的新发展。具体来说，旅游是文化体验、认知与分享的重要形式，文化需要借助旅游这一载体来进行传播与发展。

在新的历史时期，文旅融合成为发展的热点，有效地满足了人民群众多元化的旅游需求。文旅融合不仅符合我国文化产业与旅游产业发展的需求，而且还符合人们对美好生活的向往。但是在实践中，文旅融合仍有许多问题，如存在文化和旅游“两张皮”的现象。需要注意的是，文旅融合并不是简单的部门相加，文化和旅游管理部门的架构会发生调整，文旅领域的治理体系机制也会发生变化，因此我们必须对文旅融合有全新的认知。

（一）文化作为参与文旅融合发展的要素属性

旅游产业具有突出的综合性与融合性，旅游产业发展的要素共有两个：一是得天独厚的自然资源，二是传承而来的文化资源。随着人们对文化体验重视程度的提高，旅游中的各个环节开始与文化关联起来，文化也已经成为旅游发展的要素，并且全面融入旅游发展中，这就是文化的要素属性。

近年来，我国的许多地方开始将文化、旅游相关机构进行合并，以提升政府的服务能力，适应新时代文化与旅游产业发展的新要求，从而发挥出文化作为参与文旅融合发展的要素作用。

（二）文化作为参与文旅融合发展的事业属性

很长一段时间以来，我国的公共文化服务产品通常是由政府提供的，如图书馆、文化馆、博物馆等都属于国家事业单位，日常运营依靠的是财政拨款。这也造成了这类公共资源缺少发展的动力，只能为人们提供基本的科普与教育场所，很难满足人们丰富多样的、与时俱进的文化需求。

在新的历史时期，传统的文化事业单位应利用自身的优势，顺应时代发展的浪潮，积极推进自身的转型，从而更好地适应社会的发展需求。具体来说要做到以下几点。

第一，利用先进的技术手段、具有创造性的设计，对公共服务机构与公众之间的关系进行重新构建。

第二，不断改进服务方式，拓展受众群体，将公共服务机构的参观者变为消费者，提升其参与感。

第三，积极打造公共生活的“第三空间”，以满足大众对学习、娱乐、休闲等的需求。

第四，传统的文化事业单位也可以和社会资本合作，协同探索文旅融合发展的创新道路。

（三）文化作为参与文旅融合发展的产业属性

从产业属性角度看，文化产业包含三类，具体如表 3−1−1 所示。

表 3-1-1　文化产业的分类

分类	内容
实物形态的文化产业	图书、报刊、影视制品等
文化服务形态的产业	演艺、影视演出等
向其他行业提供文化附加值的产业	形象设计、装饰等

在所有的文化产业中，和文化旅游关系最密切的是文化服务形态产业中的演艺行业与影视行业。以演艺行业为例，演艺行业的发展改变了人们之前单一的参观式的旅游方式，通过创建实景、进行互动等方式，让旅游者切身参与到各种活动之中，丰富了旅游者的体验。

另外，影视、动漫、音乐等文化业态和旅游产业的融合，使旅游产品与营销模式获得了新的发展。例如，横店影城成了著名的旅游景点，迪士尼乐园、柯南小镇成了著名的旅游目的地，音乐小镇吸引了无数旅游者。

促进文旅融合发展的意义重大，我们要让文化产业发挥作用，统筹好文化产业资源、公共服务资源、可开发利用的文物资源与旅游资源，以此促进文旅产业的创新发展，进而推动产业升级、消费升级。

二、文旅融合的发展诉求

文化与旅游两者的融合能够发挥出“1+1>2”的效果，有效地满足人们对文化与旅游的多元化需求。在当前的时代背景下，不同的主体对文旅融合发展的诉求是不一致的，下面将具体讨论国家、企业、社会公众这三个主体对文旅融合发展的诉求。

（一）国家对文旅融合发展的诉求

从国家层面而言，其对文旅融合的诉求大致可以概括为以下几点。

1. 满足大众的多样化需求

根据马斯洛的需求层次理论，人的需求是会逐步提升的，当一种需求满足之后，人的需求会向更高一层发展。当前我国经济发展越来越好，人们的消费水平、需求层次也会不断上升，观光式的旅游方式已经无法满足人们的需求，我国当前的主要矛盾是人民日益增长的美好生活需要和不平衡不充分的发展之间的矛盾。要解决这一矛盾，需要不断优化旅游结构，促进旅游产品的升级，为旅游者提供丰富多彩的旅游产品，从而满足旅游者的需求。文旅融合对于优化旅游结构、促进旅游产品的升级具有积极的意义，能够有效解决我国当前的主要矛盾，满足大众的需求。

2．促进我国的文化建设

文化是一个民族的灵魂与象征，我们如果想要屹立于世界民族之林，就必须传承并弘扬中华民族的优秀传统文化，树立文化自信，努力建设社会主义文化强国。旅游是文化传播的重要途径，其本身也是一个文化交流活动，借助旅游活动，旅游者可以详细地了解旅游目的地的风俗与文化，同时也可以将自身的文化带到旅游目的地中，从而实现文化的传播。文旅融合能够使旅游者在旅游的过程中轻松愉快地获得文化体验，使旅游者在潜移默化中接受文化的熏陶，这对于传播中华文化、推动我国社会主义文化建设是十分有益的。

3．推动文化产业与旅游产业的升级

文化是具有功能性的，如它能够满足人们的某种需求、具有教化作用等，如果文化失去了它的功能，必将走向衰败。文旅融合后，我们就可以借助旅游产业的市场观念与产业思维来推动文旅产业的发展，解决内生动力不足的问题，实现产业转型。

由于人们消费水平的不断提升和需求的不断增加，单纯的观光旅游产品已经无法满足人们多样化的需求，旅游产业若想得到长远的发展，就必须转型。文旅融合之后，就可以借助文化产业来丰富旅游产品的内涵，从而满足旅游者的多样化需求。

由此可见，文旅融合发展一方面能够使旅游产品有更丰富的文化内涵，促进旅游产业的升级，另一方面也能够促进文化产业的转型发展。

（二）企业对文旅融合发展的诉求

就企业层面而言，其对文旅融合发展的诉求可以概括为以下几点。

1．通过文旅融合战略获得政策红利

当前，我国非常重视文旅融合，国家和地方政府陆续出台了一系列促进文旅融合的政策，给文旅融合项目开发提供了支持，涉及资金、技术、税收等方面，由此，企业也就能够从中获得政策红利，这对于企业的发展是十分有利的。

2．通过开发文旅产品提升企业形象

企业开发文旅产品，除了能够获得利润，还能够提升品牌知名度与自身的影响力，从而提升企业形象。从某种程度上可以说品牌的灵魂正是文化，一个对旅游者有着强大吸引力的旅游目的地，不仅在资源方面具有优势，还具有突出的文化特色，因此文化建设是品牌建设的重要内容。文旅融合重视文化创意，能够帮助企业提升品牌形象和企业形象。

（三）社会公众对文旅融合发展的诉求

当前人们的旅游需求呈现出多样化、个性化的趋势，传统的观光式的旅游方式已经无法满足旅游者的需求，越来越多的旅游者开始重视旅游体验，希望通过旅游来获得独特的审美感受与情感体验。文旅融合能够促进旅游产业的创新发展，开发出一系列丰富的独具特色的文旅项目，如演绎旅游、遗产旅游等，以满足旅游者的多样化需求。因此，社会公众对文旅融合发展的诉求即满足旅游者的文化需求。

第二节　文旅融合的发展模式

在文旅融合的过程之中，难免会出现各种问题和阻碍，常见的问题有利益相关者的目标差异、政府之间的协调问题、新技术在文旅融合中的应用问题等，为了解决文旅融合过程中出现的种种问题，我们需要构建合理且有效的模式，下面将对文旅融合的发展模式进行讨论。

文旅融合的发展模式主要有三种：一是文化要素形态融合，二是现代文化产业延伸融合，三是公共文化产品转型融合。下面将对这三种模式进行具体分析。

一、文化要素形态融合

文化是文旅产业发展的内核，在发展的过程中，文化需要走出来，从历史、传说、书本中走出来，实现物态化、活态化与业态化，并最终融入旅游产业中。文化要素物态化、活态化与业态化的含义如表 3–2–1 所示。

表 3–2–1　文化要素物态化、活态化与业态化的含义

项目	所需主体	含义
文化要素物态化	旅游观光	旅游者可视景观化与形象化的过程
文化要素活态化	旅游体验	旅游者和文化的交互化、情境化与沉浸化感受的过程
文化要素业态化	休闲旅游	文化创意的产品化和产业化与品牌化的过程

文化和旅游部的成立，使得文化要素融入旅游产业发展的作用机制发生了变化，文旅融合系统平台也更加开放。文化要素形态融合模式在以下两个方面的表现十分突出：一是遗产保护与旅游开发，二是“文创 +”新业态。具体如图 3–2–1 所示。

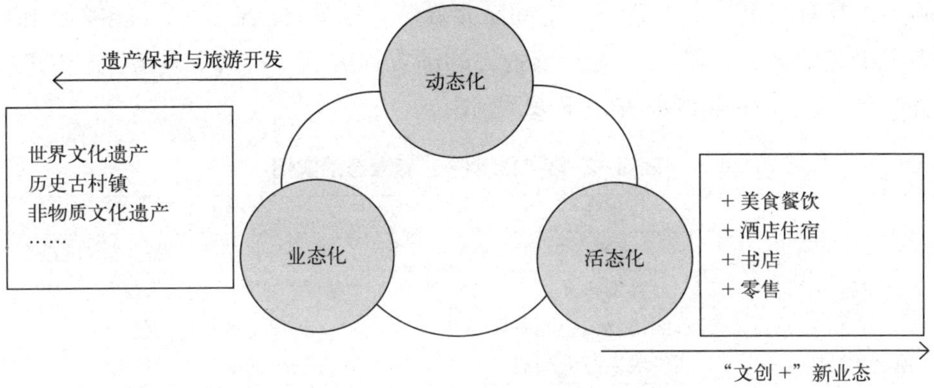

图 3–2–1　文化要素形态融合模式

（一）遗产保护与旅游开发

遗产保护和旅游开发的结合，能够开发出具有鲜明文化特色的遗产文化旅游产品。要实现遗产保护与旅游开发的结合，最为重要的就是做好文化遗产的活化工作。

对物质文化遗产进行活化，尤其是对世界文化遗产、国家考古遗址等重要遗产资源进行活化，能够使这些文化遗产在保留原有的文化内涵的基础上，满足大众的文化需求。具体来说，活化的方式有很多种，如将遗址开发成为博物馆或遗址公园，利用酒店、民宿等进行活化改造。这样能够使物质文化遗产保护与旅游开发有机结合，使旅游成为展示文化遗产的窗口。

对于非物质文化遗产的活化，针对不同形式的非物质文化遗产，应采用不同的方式。第一，针对传统节日、传统手工技术、传统美食等，可以通过开发非物质文化遗产公园或博物馆等方式，向旅游者展示这些传统非物质文化遗产；第二，针对民间舞蹈、民俗活动、民间音乐等非物质文化遗产，可以通过开展多种形式的演艺与体验活动，使旅游者感受这些非物质文化遗产的魅力。由此，使得非物质文化遗产能够得到传承与保护。

（二）“文创 +”新业态

“文创 +”新业态指的是文化产业同传统的美食、住宿、书店、零售等业态相结合，形成具有代表性的文旅体验产品。当前我们所见到的各种创意主题餐厅、酒店民宿、文创跨界复合店等，就创造出了一种全新的旅游体验方式。这种旅游体验方式具有四个特点：第一，空间布置优美，场景自然；第二，能够给旅游者带来沉浸式的体验；第三，具备场景化的消费；第四，实现了跨界功能的融合。“文创 +”新业态的实例如表 3–2–2 所示。

表 3–2–2 “文创 +”新业态的实例

类型	举例	说明
创意主题餐厅	胡桃里音乐餐厅	餐厅、酒吧、音乐吧、咖啡馆等的结合
	共禾京品	餐厅、家居、花艺等的结合
	云雅阙博物馆主题餐厅	餐厅与博物馆的结合
博物馆酒店	西安威斯汀大酒店	酒店与博物馆的结合
文创跨界复合店	申活馆	书店、咖啡店、美食教室、花艺空间、亲子空间、皮革工坊的结合

“文创 +”新业态的融合模式想要取得成功，不仅需要把握好市场的诉求，抓住资源优势并做好文化创意工作，而且还要借助文化要素和旅游产业之间的融合，做好市场对接与资源对接工作，并积极创新，开发出独具特色的文旅产品。

二、现代文化产业延伸融合

文化旅游资源与创意结合所产生的新型文旅产业，是现代文化所延伸出来的旅游产业，这种新型文旅产业能够满足人们对更高层次的旅游体验和更高质量的生活方式的需求。

不同国家对现代文化产业的叫法不尽相同，美国称其为娱乐业，英国将其称为创意产业，亚洲的多数国家将其称为文化产业，本书将其称为现代文化产业。现代文化产业体系包括文化产业相关领域与文化产业核心领域，具体如表 3–2–3 所示。

表 3–2–3　现代文化产业体系

分类		举例
文化产业相关领域	文化辅助生产和中介服务	文化用品制造、文化经纪代理等
	文化装备生产	印刷装备、舞台演艺装备等
	文化消费终端生产	文化制造、销售等

续表

分类		举例
文化产业核心领域	文化投资运营	文化投资、运营管理等
	新闻信息服务	报刊、广播、电视等
	内容创作生产	出版、影视制作、工艺品生产等
	创意服务设计	广告、设计等
	文化传播渠道	发行、艺术品拍卖代理等
	文化娱乐休闲服务	景区游览、休闲观光等

就当前现代文化产业体系各门类和旅游融合发展的情况而言，文创内容创作生产所涉及的影视、演艺等领域同旅游产业的融合发展最为突出，“影视＋旅游”“演艺＋旅游”实现了旅游产业的产业化、市场化与跨界化。“影视＋旅游”“演艺＋旅游”形成的现代文化产业延伸融合模式如图 3–2–2 所示。下面将对“影视＋旅游”与“演艺＋旅游”进行具体分析。

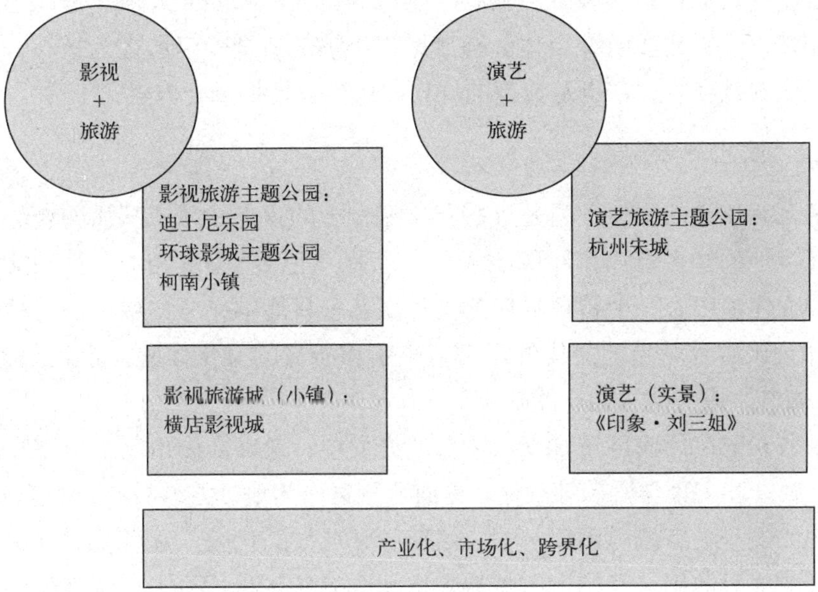

图 3–2–2　现代文化产业延伸融合模式

（一）“影视＋旅游”

近些年，文化消费的增长使“影视＋旅游”开始成为旅游行业发展的热点。当前我国开发和建造了许多影视主题公园和影视旅游城，大多数的影视主题公园和影视旅游城除了开展专门的影视剧拍摄制作、相关旅游资源开发经营业务，还具备了旅游销售，制景装修、住宿、餐饮等功能，形成了集餐饮、购物、休闲、旅游、影视参观于一体的复合型文化旅游项目。这种以影视为核心的旅游产业主要有以下两种。

第一，依据影视作品开展各种活动，如借助经典的影视人物形象、场景等建设相关的娱乐、休闲与消费设施。迪士尼乐园、柯南小镇等采用的就是这种发展模式。

第二，建设影视旅游城，影视旅游城涵盖影视基地、主题商业、游乐、文化等功能。影视旅游城可以分为多种类型，如主题公园、影视节庆旅游、影视文化旅游等。

当前我国具有代表性的影视旅游城有横店影视小镇。横店影视小镇以横店影视城为核心，从原本单一的影视基地发展成集影视旅游、度假、观光、休闲于一体的文化旅游小镇。横店影视城有多个大型实景拍摄及旅游体验基地，以此为基础，影视城周边的住宿、餐饮、购物、娱乐等行业不断融合发展，进而形成了横店影视小镇这一文化旅游综合体。横店影视小镇是典型的以影视为核心，延伸发展旅游产业的融合方式，也是典型的现代文化产业延伸融合方式。

（二）“演艺＋旅游”

以演艺为核心的文旅项目是近些年文旅融合的重点领域。从旅游者的角度出发，依托当地的知名景点，展现地域文化背景，重视体验性与参与性的文化体验方式，即文化演艺。一个特色鲜明的文化演艺项目能够充分体现出旅游目的地的文化，加深旅游者对当地文化的了解，丰富旅游者的文化体验。也正因为如此，“演艺＋旅游”成了文旅融合的热点。

当前，我国在“演艺＋旅游”项目的开发中，通常会使用以下两种方式。

第一，借助实景与剧场等载体，将演艺剧目作为整个旅游目的地的重要环节，桂林推出的实景歌舞剧《印象・刘三姐》就是典型的代表。这种实景演出，尤其是在夜间的实景演出，能够丰富旅游者夜间的旅游体验，带动旅游者消费，促进景区的餐饮、住宿等行业的发展，同时也能够有效提升景区的形象。

第二，以演艺剧目为核心，从中延伸出演艺产业链，进而形成旅游目的地，杭州宋城主题公园就是典型的代表。杭州宋城主题公园中最具吸引力的项目就是演艺剧目《宋城千古情》，宋城演艺发展股份有限公司（以下简称宋城演艺）以《宋城千古情》为核心，延伸出了“千古情”系列旅游演艺项目，这些项目的成功推动了整个宋城主题公园的发展。

宋城演艺是“演艺＋旅游”的典型代表。宋城演艺开发的主题公园与演艺项目都是根植于本土文化，对当地文化进行深度挖掘，从而给观众带来独特的文化体验。“千古情”系列演艺项目符合大众的审美与需求，具有鲜明的地方文化特色。围绕剧目创建的主题公园是一个大型的演播厅，借助各种先进技术将杭州的历史典故、民间传说等展现出来，从而给旅游者带来独特的视觉与文化体验。从产品开发的角度而言，宋城演艺将表演项目作为核心，建设了一系列休闲娱乐设施，并推出了餐饮、住宿、购物等服务，不断拓展经营范围、开发产品、延伸产业链，实现了文化演艺与旅游的深度融合。

三、公共文化产品转型融合

我国的公共文化产品服务资源通常是由政府管理的，博物馆、美术馆、文化馆等是提供公共文化服务的主要机构，属于政府管理的事业单位。在人们精神文化需求日渐多元化的当下，传统的公共文化产品服务受到了一定的冲击，越来越难以满足旅游者多样的文化需求。因此，一些人开始对新时代如何更好地为大众提供公共文化产品提出了一些新的设想。在这样的背景下，公共文化产品转型融合模式出现了。公共文化机构在文化资源方面具有天然的优势，不仅能够促进传统文化事业机构转变职能，还能够实现文旅融合的创新。

然而，文化事业体系模式和公共文化产品转型融合模式之间具有结构性的差异。具体来说，文化事业体系模式与公共文化产品转型融合模式在目标、管理模式、管理手段与达成效果方面都存在差异。

从目标上看，文化事业体系模式的目标主要有关领导权与文化保障。公共文化产品转型融合模式的目标有两个：一是提高公共服务产品的质量，满足大众对美好生活的追求，二是提升大众的文化自信心与我国文化的影响力。

从管理模式上看，文化事业体系模式实现的是一元化的行政管理模式，公共文化产品转型融合模式采用的是多元化市场服务模式。

从管理手段上看，文化事业体系模式常用的管理手段有三种：一是行政层级管控，二是公共文化资源体制内循环，三是实行集中决策机制。公共文化产品转型融合模式常用的管理手段也有三种：一是企业化管理方式与市场化竞争机制，二是开放式的平台体系，三是分散决策机制。

从达成效果上看，文化事业体系模式能产生以下结果：一是公共投入效率较低，二是社会整体文化福利水平较低，三是文化传统与保护功能强但创新与创造功能较弱。公共文化产品转型融合模式能达成以下效果：一是公共投入效率提升，二是能够形成多主体共同参与文旅融合的机制，三是能够实现旅游产业与文化产业的多元发展。

具体来说，公共文化产品转型融合模式的路径有两种：第一种路径是传统文化机构“存量更新”，即不断推进公共服务机构的市场化转型，将博物馆、美术馆，图书馆，文化馆等机构的文化资源与旅游产业进行融合，形成场馆“+ 市场”“+ 文创”“+ 新业态”的发展模式；第二种路径是引导社会力量参与，鼓励、引导各种社会主体通过多种渠道、多样化的方式参与文化产品服务行业，通过旅游产业来呈现文化产品内核，从而实现文旅融合发展。

中国台湾的台北故宫博物院与北京故宫博物院是公共文化产品转型融合发展的成功案例。台北故宫博物院以康熙御批手迹为素材，创作“朕知道了”等文创产品；北京故宫博物院推出了“顶戴花翎官帽伞”“尚方宝剑圆珠笔”等一系列文创产品，受到了人们的喜爱。当前，我国许多博物馆、纪念馆等都在研发相关的文创产品，实施公共文化产品转型融合模式，从而为文旅融合发展提供新的活力。

第三节　文旅融合的发展规划

一、文旅融合发展规划的研究与实践

（一）文旅融合发展规划的研究

规划在文旅融合发展中起着重要的引领作用，由于文旅融合发展规划实践在我国尚处于起步阶段，因此从规划视角研究文旅融合发展的文献比较有限，学术研究滞后于实践发展，文旅融合研究还未形成系统的规划理论，也缺乏规划编制方法和技术方面的集成性研究成果。但是，将文化引入旅游规划的思想与研究已出现。

李和平和张邹探讨了重庆市文化遗产与旅游融合发展规划与布局问题[①]，

① 李和平，张邹．文化生态视角的历史街区保护：以重庆金刚碑历史街区为例[J]. 城市建筑，2011（8）：48-51.

李向阳等人研究了文旅融合发展示范区的建设路径[①]。文化旅游规划中，区域论、历史论、文化论和体验论的“四元论”认为文化旅游规划仍然面临着四要素的挑战，即历史文化旅游要素、旅游文化形象塑造要素、区域协调与协作要素、真实的旅游体验要素，强调挖掘旅游景区的核心价值、提升区域的文化内涵。部分学者将文化空间理论、文化资本理论、文化生态理论、共生理论、耦合理论等引入旅游规划，尝试为文化旅游规划构建理论途径与方法。

除此之外，还有一些学者基于文化旅游发展规划的实践对规划方法和技术进行了探索。有学者以济宁城区文化旅游规划为例，在实践中研究了文化旅游规划编制的工作思路和实施路径，认为文化旅游规划应解决的核心问题为多系统资源禀赋的全面梳理、文化旅游发展战略的思路确定、文旅产业发展的实施引导、项目策划和空间布局优化以及项目空间落位与实施时序。[②]有学者以南京市江宁区民俗文化旅游规划为例，基于解构主义和对现存民俗文化旅游资源进行整合分析的基础上，解构重建了民俗文化和乡愁记忆的内涵价值，阐述了将乡村民俗文化与观光休闲、基础设施建设、文创产业、节庆活动相结合的协同发展形式。[③]

可见，文化旅游融合发展规划研究还未形成系统的理论，也缺乏规划编制方法和技术方面的集成性研究成果，关于文旅融合发展规划的理论探讨尚待深入。

（二）我国文旅融合发展规划的实践

1. 规划实践发展态势

文旅融合发展是一项全面、系统性的工程，政府需在规划层面作出科学的顶层设计和统筹安排，形成文旅融合发展的初始动力。如今“十四五”时期已经到来，我国文旅融合实践也进入实质阶段。文化和旅游部对旅游发展规划、文化产业规划等传统类型规划以及规划编制需求有所调整，对文旅融合发展规划的重视程度空前提高，文旅融合发展规划成为文化和旅游相关领域的热点规划类型。

---

① 李向阳，方世敏，宋歌．文化产业和旅游产业融合发展示范区创建问题探析[J]. 皖西学院学报，2021，37（1）：76—80.

② 涂欣．文化旅游规划编制方法探索：以济宁城区文化旅游规划为例[J]. 城市发展研究，2016，23（6）：38—44.

③ 费文君，高祥飞．解构主义视角下的乡村民俗文化旅游规划研究：以南京市江宁区民俗文化旅游规划为例[J]. 国土与自然资源研究，2019（5）：86—90.

文旅融合发展规划作为一种新型的规划形式，国内对此种类型的规划探索不多，尚处于摸索与尝试阶段。2017年《陕西省“十三五”文化和旅游融合发展规划》是较早的文旅融合的相关规划。2020年11月，十九届五中全会对我国“十四五”时期文化和旅游改革发展的主要目标、总体思路和重点任务提出了明确要求。2020年，文化和旅游部联合其他部门先后发布了《大运河文化和旅游融合发展规划》《粤港澳大湾区文化和旅游发展规划》，以文旅融合为核心，展现出了区域协同、开放互鉴的时代特征和规划亮点。同时，各地区也印发了文旅融合发展规划。例如，《山东省文化旅游融合发展规划》《内蒙古自治区“十四五”文化和旅游融合发展规划》《南京市“十四五”文化和旅游融合发展规划》《长沙市“十四五”文化和旅游融合发展规划》等。

现阶段，文旅融合发展规划成为文化和旅游发展相关领域的热点规划类型，但很多规划仍在探索，当前国内各个研究机构、规划设计单位的专家学者和规划团队也都在编制地方文化旅游融合发展规划的实践中总结规划经验。

文旅融合高质量发展的时代对文旅融合发展规划的编制也提出了新的挑战和要求。规划部门不仅需要承担统筹深化文旅融合发展的基本职能，还要与土地利用、生态环境、文物保护等规划相衔接，对规划过程中的边界思维、空间思维、融合思维提出了更高的技术性要求。

2．规划实践探索案例

《山东省文化旅游融合发展规划》是我国首个省级层面的文旅融合发展规划，对编制文旅融合发展规划进行了有益的探索。

（1）编制工作组织与规划研究内容

为加强山东省文化旅游顶层设计，推动转型升级、高质量发展，进一步激发文化和旅游消费潜力，山东省文化和旅游厅组织编制了《山东省文化旅游融合发展规划》(以下简称《规划》)。《规划》的编制工作由中国城市规划设计研究院领头，组建了包括中国科学院地理科学与资源研究所以及山东大学等单位的专家在内的规划研究编制工作团队。

编制组首先开展了相关模块和专题的研究，研究模块包括文化遗产旅游、海洋旅游、自然保护地旅游、乡村旅游、城镇旅游、大运河文化旅游、黄河文化旅游等十五项；专题包括文旅资源分析与评价、文化旅游市场分析、文化旅游竞合研究等五项（见图3–3–1），深入的基础研究保证了我国首部文旅融合发展规划的科学性与系统性。

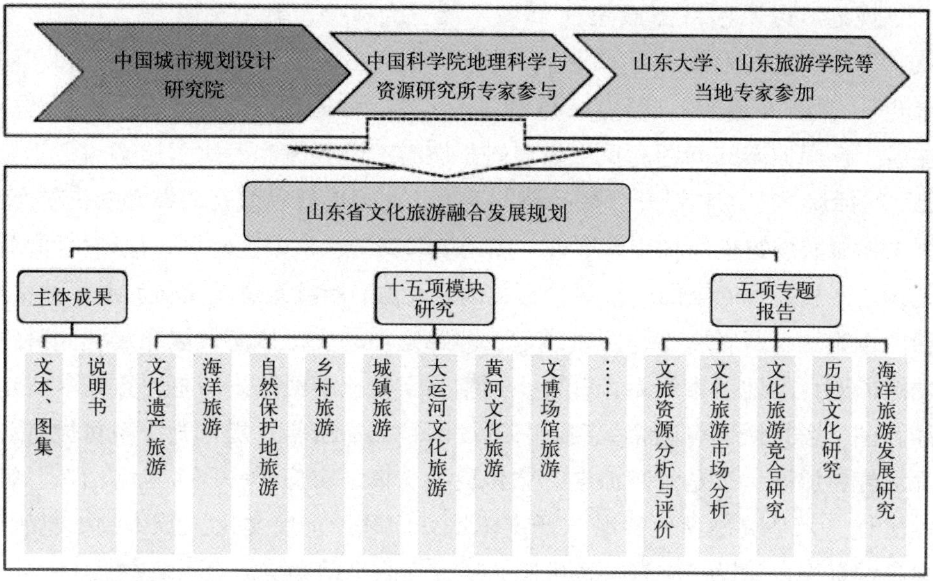

图 3-3-1　山东省文化旅游融合发展规划工作组织与规划研究内容框架

（2）思路与创新

山东省是华夏文明的重要发祥地，历史悠久，文化底蕴深厚，地域特色鲜明，文化资源丰富。《规划》落实国家政策要求，突出高质量、特色化，突出目标导向和问题导向，坚持世界眼光、国家标准、山东特色、科学定位，借鉴国内外案例，在区域竞合分析基础上，将编制的规范性与创新创意有机结合，既符合山东实际，又体现了政府宏观战略方针与近期工作重点，满足了文化旅游市场主体需求。

《规划》针对山东省文旅融合发展的突出问题，即低效利用优质资源、文旅产业大而不强、同质性与“三化”（低端化、碎片化、封闭化）等问题，聚焦世界级文化旅游体验目的地的定位和建设文旅强省目标，突出高质量、特色化发展，探索出文旅融合六个方面的创新：一是文化旅游的最佳融合点，即理念与思路，以文促旅、以旅彰文、和合共生；二是融合的动力，即改革引领、效益提升；三是融合的模式，即全要素产业链、服务链、价值链融合；四是融合的内容，即产品、功能、业态、要素、品牌、形象；五是文化旅游设施与服务的融合创新，进行“美好”全要素建设、“品质”全游程服务、“智慧”全省域管理；六是文化旅游市场的融合，即市场主体融合、市场监管融合。以上创新可以促进山东省文化旅游的六“合”发展，即资源整合、产业融合、空间组合、要素链合、区域联合、多规合一，实现旅游为文化赋能、文化为旅游增效。

《规划》以“项目＋政策＋环境”为三大抓手，着力突破六个方面的发展重点：一是丰富文旅融合产品供给。通过“非遗＋旅游”“博物馆＋旅游”“演艺＋旅游”“文创＋旅游”“影视＋旅游”来丰富文化旅游产品与业态。二是解决淡季旅游、夜间旅游的问题。重点发展研学旅游、温泉康养、冰雪旅游等冬季旅游产品，激活淡季市场和提升“夜经济”活力；大力发展以演艺为核心的夜游产品，加强文化旅游场馆夜间利用，推进“夜经济”街区、集聚区建设，拉动夜间消费。三是构建开放高效的空间新格局。形成南联北融、西接东进的文化旅游区域格局，完善两极驱动、双轴支撑、四带隆起、两廊延伸的文化旅游发展布局。同时建设多层级旅游目的地城市体系，开发系列精品文化旅游线路。四是对接与落实建设海洋强国、乡村振兴等国家战略。打造滨海精品旅游带，提档升级乡村旅游，大力发展红色旅游。五是智慧旅游。强化科技支撑，实施“一部手机游山东”智慧文旅工程。六是突破文化旅游市场主体培育问题。加快文化旅游体制机制改革，加强投融资平台建设，完善市场机制，培育文旅集团和文旅企业集群。

二、文旅融合发展规划的相关内容

（一）文旅融合发展规划的性质

1. 国家规划体系中的专项规划

根据中共中央、国务院《关于统一规划体系更好发挥国家发展规划战略导向作用的意见》《关于建立国土空间规划体系并监督实施的若干意见》的精神，文旅融合发展规划应属专项规划类。文旅融合规划属于国家规划体系中的专项规划，应与国土空间规划相互协同衔接。作为一类专项规划，文旅融合发展规划要在特定区域或范围内体现文旅融合发展的特定功能，落实国家对文旅融合发展领域提出的战略要求。文旅融合发展规划要落实上级相关规划，并与同级专项规划相互协同。

2. 基于三个核心视角的文旅融合发展规划性质

从旅游者视角来看，文旅融合是旅游活动过程中旅游与文化的融合；从旅游目的地视角来看，文旅融合是旅游目的地文化与旅游的融合；从文旅产业视角来看，文旅融合是文化产业与旅游产业的融合。产业融合是目标，文旅融合的活动过程是表现形式，而旅游目的地的文旅融合是内容与效应。相应的，文旅融合发展规划，从旅游者视角来看，文旅融合发展规划是文旅融合产品开发规划，为旅游者提供文旅融合型旅游体验；从旅游目的地视角来看，是规划打造文旅融合旅游目的地；而从文旅产业视角来看，文旅融合发展规划是规划与发展文旅融合产业。

（1）旅游者视角：文旅融合产品开发规划

从旅游者的视角来看，文旅融合发展规划是通过规划设计手段来推动旅游活动过程中的文化融入与结合。这就要在开发规划中，丰富和强化文化旅游产品和文化旅游服务，提升旅游者的文化旅游体验。有关部门要开发建设各类文化旅游活动，如文化体验、沉浸演艺、文博参观等文旅融合型项目。因为任何旅游规划管理都将最终为旅游者服务，所以旅游者视角的文旅融合规划应是任何文旅融合规划的内核与根本，任何文旅融合规划均应强化文旅融合产品的开发规划。

（2）旅游目的地视角：文旅融合旅游目的地发展规划

从旅游目的地的视角来看，文旅融合发展规划可以推动旅游目的地文化和旅游结合。通过规划设计，旅游目的地可以充分挖掘利用文化资源，开发文化旅游产品，创新发展文化旅游基地、文化旅游景区、文化旅游区等特色文化旅游目的地。从旅游目的地视角来看，文旅融合发展规划是基于建设文化旅游目的地目标的规划，重点是确立文化旅游目的地建设的发展框架和空间指引。

（3）文旅产业视角：文旅融合产业发展规划

从文旅产业视角来看，文旅融合发展规划是促进文化和旅游产业内各行业、各部门融合发展的规划。第一，促进旅游产业的文化内涵融入，包括各类旅游要素、旅游业态等，以提升旅游产业的吸引力；第二，文化事业和文化产业的旅游开发，包括公共文化服务体系的旅游开发、文化产业的旅游业延伸拓展，从而提升文化事业和文化产业的效益。

（二）文旅融合发展规划的层次与类型

在国家支持文旅融合发展背景下，文旅融合发展规划应包括“五层三类”：按区域行政层次分为国家级、省（自治区、直辖市）级、市（地区、自治州、盟）级、县（区、旗、县级市）级和乡（镇、街道）级文旅融合发展规划；按对象和功能分为区域文旅融合发展规划、旅游景区文旅融合发展规划、文旅融合发展专类规划（如文旅融合项目策划／规划、文旅融合线路规划、文旅融合品牌形象规划、文旅融合投融资规划等为专门目的而编制的专类规划）。文化和旅游部印发的《“十四五”文化和旅游发展规划》专章编制了推进文旅融合发展的规划内容，提出要坚持以文塑旅、以旅彰文，推动文化和旅游深度融合、创新发展，不断巩固优势叠加、双生共赢的良好局面，还提出了提升旅游的文化内涵、以旅游促进文化传播、培育文化和旅游融合发展新业态三个方面的规划要求。

（三）文旅融合发展规划的目标与任务

1. 规划目标

文旅融合发展规划是未来文旅融合发展的纲领性、战略性文件，其目标从根本上是要能够引领未来文旅融合发展，指导区域或旅游目的地文化与旅游产业在深度和广度上实现融合发展，从而促进区域转型升级。引领文旅融合发展，具体就是要实现旅游为文化赋能、文化为旅游增效的目标。

一方面是强化旅游为文化赋能。文化通常具有突出的公共性，产业特征不突出。在文旅融合规划中，旅游为文化赋能就是要使文化事业和文化产业相关资源通过旅游被高效地利用起来，使原本仅属于市民的文化公共场馆、公共设施和公共资源能够“居游共享”；而仅面向居民文化消费的文化产业能够与旅游充分结合，激发文化产业的市场活力。另一方面是促进文化为旅游增效。目前旅游产业的文化内涵不高，而文化为旅游增效就是要使旅游产业丰富文化内涵，以文化为旅游发展“塑魂”，通过文化丰富旅游的内容，为旅游注入生动的文化故事，增强旅游的文化性，丰富旅游的内涵，提升旅游的品位。

2. 主要任务

文旅融合的空间载体是旅游目的地，文旅融合发展规划的主要任务便是通过文旅融合发展来推动旅游目的地提档升级和文旅产业提质增效。在文旅融合发挥规划统领作用的基础上，旅游目的地应在“块”上对文旅融合发展予以落实，文旅产业应在“条”上对文旅融合发展予以呈现。

（1）推动旅游目的地提档升级

文旅融合发展规划的一个主要任务便是推动旅游目的地提档升级。目前多数旅游目的地旅游产品单一、文化内涵不足、效益不突出，文旅融合发展规划正是在满足旅游目的地创新发展需要的背景下形成与发展起来的。文旅融合发展规划以文旅融合发展为手段，通过促进文化旅游产品升级、结构优化、效益提升，最终实现旅游目的地提档升级。

（2）推动文旅产业提质增效

文旅产业的提升发展既是文旅融合发展规划的主要任务，也是文旅融合发展的必然结果。文旅融合发展规划要想推动文旅产业融合转型，催生更高品质的文旅产品、文旅服务，甚至带动文旅新型行业、新型业态不断涌现，就要整合文化和旅游产业链，促进价值链升级和流程再造，带动新型文旅产业集群的发展。

（四）文旅融合发展规划的特征

1. 围绕文旅融合主线

文旅融合发展规划围绕文旅融合主线，重点进行为什么融、融什么、在哪里融、怎么融的研究与规划。在文旅融合主线的引领下，文旅融合发展规划可以识别文旅融合存在的问题与瓶颈、提出文旅融合发展的目标要求、规划文旅融合发展的重点任务，并强化文旅融合发展规划的保障措施。

2. 突出地域文化旅游特色

文旅融合发展规划以特色为“根”，促进旅游目的地和旅游产业转型升级。特色是旅游目的地发展的前提与根本，突出地域文化旅游特色有利于提高旅游目的地的吸引力和竞争力。文旅融合发展规划重点发掘地域文化旅游特色，发挥旅游特色优势。

3. 衔接国民经济和社会发展等规划

文旅融合发展规划作为专项规划，与国民经济和社会发展规划、国土空间规划等衔接，并与相关同级专项规划协同，落实国民经济和社会发展的总体定位和项目建设要求。而国土空间规划作为我国规划体系的基础，对文旅融合发展规划提出了空间开发保护的总体要求。文旅融合发展规划应遵循国土空间规划的开发、保护和利用“一张图”，落实国土空间规划的要求，真正践行“多规合一”。

4. 落实提档升级、提质增效任务

文旅融合发展规划可以落实旅游目的地提档升级、文旅产业提质增效的重点任务，将文旅融合发展规划的内容（包括文旅产品、功能、业态、要素、市场、品牌、形象等）落实到旅游目的地和文旅产业发展上来。

5. 强化文旅工程项目抓手

文旅融合发展规划是面向新发展需要而发展起来的规划类型，所以应将文旅融合与政府的工程项目管理手段衔接，以重点工程项目为抓手，使文旅工程、项目建设落地。

6. 落实体制机制与政策保障

当前文旅融合发展正逐步走向深入阶段，还有部分体制机制问题需要破解，以及部分融合障碍需要克服。文旅融合发展规划可以落实文化旅游融合发展的各方面体制机制与政策保障。文旅融合发展规划作为旅游目的地文旅融合发展的政策总纲，可以突出政策导向，体现出对文旅融合发展方向的政策引导。

（五）文旅融合发展规划的技术路径与内容要求

1. 技术路径

文旅融合发展规划应围绕文旅融合主线，落实国家政策要求，坚持高标准、宽视野、科学定位，突出文旅高质量、特色化发展，突出目标导向和问题导向；可借鉴国内外案例，在区域文旅竞合分析基础上，提出文旅融合发展的目标定位与策略，围绕旅游目的地提档升级和文旅产业提质增效的主要任务编制文旅融合规划内容，并提出文旅融合发展的行动计划与保障措施。

2. 内容要求

文旅融合发展规划不同于其他规划的特征，使其规划内容不同于传统文化规划或旅游规划。

（1）文旅融合发展的背景与条件分析

文旅融合发展规划应基于文旅融合发展的背景与条件分析研究，为文旅融合发展的目标确立提供支撑，包括文旅融合发展现状分析、主要问题及其成因研判、文化旅游资源与环境梳理、文化旅游客源市场特征与趋势分析、文化旅游发展竞合分析、文旅融合相关案例借鉴分析等。

（2）文旅融合的发展目标与策略

文旅融合发展规划应结合国家及省市各级相关文旅融合发展的文件要求，基于文旅融合发展基础条件，提出文旅融合发展的目标与策略，包括文旅融合发展的指导思想与发展理念、发展定位与目标愿景、思路策略、模式机制等，以发挥文旅融合发展规划的战略引领作用。

（3）文旅产品开发与重大工程项目策划

文旅融合发展规划应以资源环境为基础、以目标战略为导向，在确定特色文旅产品开发方向的基础上开发系列文旅融合新业态，并围绕产品和业态主导方向创意策划打造重点文化旅游工程与项目，构建文旅项目库，并对主要文旅产品和重点文旅工程项目进行规划引导。

（4）文旅融合发展的空间结构与布局

文旅融合发展规划应衔接国土空间规划等要求，从资源支撑与市场需求两个角度分析识别文旅融合发展的重点空间，规划布局文化旅游空间总体结构，明确文化旅游发展的重点片区与构成，规划重点文化旅游功能区、文化旅游带、文化旅游节点、文化旅游线路等，并对文旅重点空间进行规划布局。

（5）文旅融合发展的品牌形象与市场营销规划

文旅融合发展规划应针对目标市场客群，创造具有强烈市场感召力的旅游形象口号和识别系统；进行特色文化旅游品牌包装与主题形象策划，并开展针对性的文化旅游市场营销，实施有效的市场开拓与营销策略，尤其要结合细分客源进行市场分析，制定精准的营销策略。

（6）文旅融合发展的支撑与配套体系规划

文旅融合发展规划应完善旅游集散中心、旅游客运服务等旅游交通服务体系，提升咨询中心、解说服务、标识、环卫等文化旅游公共服务水平，优化文化旅游服务环境，打造优质的餐饮、住宿、购物、文娱等产业要素体系，形成具有较强体验性的文化旅游要素产品。

（7）文化旅游资源的保护与传承规划

文旅融合发展规划应结合国土空间规划的要求，强化对文化旅游资源的保护与传承；对优秀传统文化、历史文化等资源进行传承，对各类文化遗产和非物质文化遗产进行有效保护。建立文化旅游资源的保护管理体系，实现文化旅游可持续发展。

（8）文旅融合发展的目标实现与保障措施

文旅融合发展规划应布局发展重点内容，规划整合文化旅游项目，完善旅游接待与公共服务设施，实现发展目标；落实规划思路与总体布局，强化文化旅游规划的可操作性，实施有力的体制机制、平台、人才、政策等支撑与保障措施。

第四节　文旅融合的市场动力机制

文化和旅游的关系主要有以下几种说法：第一，灵魂载体说。文化是旅游的灵魂，旅游是文化的载体。旅游既是具有浓厚文化色彩的经济事业，也是具有浓厚经济色彩的文化事业。旅游者追求原真的文化，旅游不仅是文化资源重要的传播载体，还是文化场景化、活态化、生动化的传承途径。第二，资源市场说。即把文化作为重要的旅游资源，旅游作为文化市场化的手段。第三，宜能促彰说。即宜融则融、能融尽融、以文促旅、以旅彰文的文旅融合原则，文化和旅游之间更像是合作关系。

理念融合是基础，职能融合是保障，资源融合是抓手，产业融合是核心，科技融合是助推器，发挥企业这个市场主体的作用是文旅融合的关键。融合是指产业联盟、技术网络平台和市场三个角度的融合。文旅融合应依据市场规律开展资源融合、技术融合、市场融合和功能融合。文化是旅游的市场价值来源，旅游可以助力文化的市场价值实现、保护和传播文化乃至创造新文化，旅游可以成为文化的价值保护者、转换者、传播者和创造者。

一、文化是文旅市场的核心战略资产

文化资本与物质资本、人力资本和自然资本并列为四种资本，文化资本是以财富的形式表现出来的文化价值的积累。旅游企业之所以要融合文化，是因为无论是遗产文化、现代文化还是创意文化均可以成为企业的核心战略资产。遗产文化的特殊性在于它的年代价值，遗产文化具有经济性、稀缺性、公共性、外部性和垄断性特征；创意文化因其技术含量、信息不对称以及知识产权保护可以产生垄断利润。由此可见，文化可以给企业带来垄断价值，形成可持续的核心竞争优势。

能够形成持久竞争优势的资源是有价值、稀缺、难以模仿、可持续的。文化资本具有三个特征：①地方特有。文化往往在空间上具有独特性，文化的区域差别明显。我国地域上有江淮文化、徽文化、齐鲁文化、燕赵文化、河洛文化、三秦文化、岭南文化等，饮食文化存在南甜北咸、东辣西酸的差异。②路径依赖。文化具有时间压缩、历史构建的特征，是长期历史演变而成的。③难以言传。文化因偶尔歧义与社会复杂而难以解释和表述。文化景观的内容除了聚落、道路、田野等，还有气氛这种难以表达的地方特征。这些特征形成了文化中难以模仿与不可替代的可持续竞争优势。

二、旅游是文旅市场的空间生产方式

文化必须通过市场化转换才能实现其价值，旅游就是文化的空间生产方式。现代旅游者更多地追求文化消费，即意义符号的消费。现代旅游者是一支“符号部队”，他们往往把寻找符合自己意象的符号与象征作为旅游体验的一种驱动力，陶醉于符号的流动与刺激中。当地区受到城市化和现代化的影响后，地区固有文化及情怀会逐渐失落，这时旅游者往往希望重新接触生命意义、民俗文化、宗教生活、乡愿情怀等已失落的东西，并对其他人的真实生活感兴趣，这些旅游者的目的是寻找原真性。单纯的产品生产制造是不够的，必须赋予产品特定的意义符号，用这些符号引发旅游者的消费欲望。消费是在消费物品的符号意义，而非物品本身。旅游活动成为一种符号与经验的消费，消费对象不再局限于有形的物质，无形的象征、氛围甚至愉悦感都可以通过符号价值的交换而被购买。

文化符号需要经过可视化与体验化转换才能成为消费品。当文化成为某种旅游资源后，会有越来越多的旅游者前来参观文化，但并非所有文化都具有可视性。因此，将文化旅游吸引物根据旅游者的需要恰当地展示出来，即对文化资源进行可视性生产，显得日益重要，文化的可视性生产是旅游者体验文化的基础。旅游者凝视指的就是某特定景点意义符号的生产与消费。旅游景点的特殊性，即异于日常生活的特殊性，是由文化符号建构起来的，符号建构起来的意义也强化了旅游者的感官体验。通过旅游者凝视，旅游目的地提供的一切都是付费的，都成了商品，视觉消费成为现代旅游活动的另一个重要特点。旅游是实现遗产价值活化传承、强化公众遗产价值认知的一种重要方式，本质上是将文化作为旅游资源（旅游吸引物）进行生产。其实在体验经济时代，通过现代技术的应用，文化旅游就可以对文化进行可体验性生产。

文化是企业的战略资产，旅游是企业的生产方式，这才是文旅融合的市场动力机制。文旅融合的市场动力源于两者的内在协同以及融合后形成的规模经济与范围经济。

第四章　文旅融合的实践研究

本章为文旅融合的实践研究，第一部分为我国文旅融合的现状和趋势，主要从我国文旅融合的现状和我国文旅融合的趋势两个方面进行阐述；第二部分为我国文旅融合实践的发展措施，从产品融合、基础设施融合、借助信息手段融合以及与当地居民融合四个角度进行分析；第三部分为我国文旅融合实践的具体案例，主要从华北地区文旅融合实践、华东地区文旅融合实践、华南地区文旅融合实践、西北地区文旅融合实践以及中南地区文旅融合实践五个方面进行论述。

第一节　我国文旅融合的现状和趋势

一、我国文旅融合的现状

2018 年，文化和旅游部的组建以及各地文化和旅游机构改革的完成，开启了文旅融合发展的新篇章，文旅融合成了各界关注的焦点。《2018 年国务院政府工作报告》中提出了推动文化事业和文化产业改革发展、发展壮大旅游产业、加强文物保护利用和非物质文化遗产传承等与文化和旅游密切相关的内容。

文旅融合即文化产业与旅游产业融合发展的现象，文旅融合已经成为我国第三产业融合发展的典范模式。文旅融合是由多种因素相互作用而形成的，可以简单地概括为融合的必然性、融合的外在力量推动、促进融合的基础和条件三个方面，具体包括消费者的需求、产业升级转型、政策驱动、文化创意、技术支撑等。推动文旅融合是培育新增长点、形成新动能的关键举措，是坚定文化自信、推动社会主义文化繁荣兴盛的内在要求，是形成绿色发展方式、建设美丽中国的重要途径。

文旅融合理论以文化为旅游产业的核心内涵，使旅游产业成为现代社会文化传承与传播的重要途径之一。当下的一些文化资源（如文创产品）都使旅游的文化附加值得以提升，同时还进一步提高了旅游市场的吸引力，给文旅融合发展带来了契机。因此，没有旅游，文化就是孤立的；没有文化，旅游就是空洞的。旅游提供了文化产业化的最佳模式，文化则为旅游提供了丰富的内容，充实了旅游本身的内在价值。

现阶段，文旅融合最多的是文化遗址游、旅游演艺等，呈现出以被动式观赏为主的特性，而内在的文化认知和体验比较少，缺乏对深层次文化内涵的挖掘与文化氛围的营造。未来文化和旅游要想更高效地融合发展，还需要跳出产品思维，更好地沉淀和思考文化旅游的教育属性，做好传统文化的现代表达、厚重文化的轻松表达、中华文化的国际表达，在延续优秀传统文化的基础上，为优质旅游提供强大的内容支撑。

如今文旅融合已成为一个热门议题，文旅融合也已成为社会共识，文旅融合发展将创造更加舒适、便利的旅游环境。旅游既是大产业，又是大民生，我们要大力发展全域旅游和乡村旅游、研学旅游、休闲旅游、康养旅游等业态，大力改善旅游场所的基础设施，提高旅游场所的接待和服务水平，使旅游环境更加个性化、舒适化、便利化。

（一）以文促旅，提升旅游产品的文化内涵

在全国各地，越来越多的旅游景区开始注重提升文化内涵和增强旅游者的文化体验。从市场需求来看，随着人们的文化生活需求不断增加，文化旅游受到了人们的欢迎。各地的乡村民俗旅游企业通过丰富文化内涵、增强文化体验和增加互动项目来提升旅游目的地的品质。民俗文化为乡村旅游发展提供了重要基础，丰富多样的乡情民风、服饰、歌舞、文字、习俗等成为独具价值的旅游资源。

近两年研学旅游的热度不断增长，也印证了文化旅游需求的增加，更多的旅游者希望通过旅游增长知识、拓宽视野。国内的研学旅游基地，从红色历史、文化古迹到科技场馆、生活体验，都深受学生的欢迎；境外的研学旅游线路，满足了学生对于了解异国文化的需求。

文化要想满足人们的精神生活需要，可以通过旅游来实现。旅游发展到今天应当脱离仅注重风景观光的初级阶段，转变为具有文化内涵的产业，无论是故宫、天坛、兵马俑等传统旅游资源，还是主题公园、文旅小镇等新兴旅游资源，都离不开文化的支撑。如今单纯的景点观光已不能满足旅游消费者的精神文化需求，旅游需求已经从有没有、缺不缺向好不好、精不精转变，这也对旅游产品供给提出了更高的要求。文化旅游者更注重文化体验，这就要求旅游目的地将历史文化、民俗文化等集体文化记忆转化为场景、故事、体验项目等，以此引起旅游者的文化共鸣，推动门票经济向体验经济转变。

未来文化与旅游深度融合需要面向家庭型、学习型、休闲型的度假需求，将文化内容和创意设计结合起来，打造旅游新场景，实现面向美好生活的旅游产业供给侧结构性改革。

（二）以旅彰文，旅游为文化传承带来动力

四川省宜宾市屏山县中都镇积淀着厚重而灿烂的古蜀文化。这个古称夷都的地方，近两年通过开展文化主题交流活动走进了更多人的视野。这个有着悠久历史文化的古镇成了一个受人注目的古蜀夷都文化品牌。

在我国历史悠久、物产丰富的大地上，诞生了具有不同民族特色、民间文化特色历史文化，在旅游产业的带动下，这些文化进入了更多人的视野。如今，“80后”“90后”已成为主要旅游群体，他们对了解旅游目的地的历史文化和当地人的生活方式有更加明显的需求。如何将丰富的文化资源合理挖掘出来，以发挥文化的潜力，更好地传承和发扬优秀传统文化，已成为重要课题。

戏曲文化与旅游结合、非物质文化遗产与旅游结合等新形式，让这些优秀文化在旅游业的引领下得到了更好的弘扬。湖南省凤凰县作为非物质文化大县，近年来借力旅游，走出了“一馆一戏多产业融合”的非遗保护传承新格局，湘西非物质文化遗产馆展示了湘西丰富的非遗文化，非遗大戏《巫傩神歌》讲述了苗族的迁徙史与独特的民族风情。

文化节庆同样也是文化旅游的重要内容，地域文化、民族文化、宗教文化等以节庆活动的形式，让人们在参与体验中理解旅游目的地的文化。江西景德镇的国际陶瓷节，将中国的陶瓷文化传递给来自世界各地的旅游者；江西龙虎山的道教文化节和古越文化节，让人们感受了道教文化与古越族民族文化融合的特色；浙江乌镇戏剧节已成为耳熟能详的文化品牌，成为众多戏剧爱好者的聚集地。

文化古迹、文化遗产的修复，同样也与旅游业结合起来，在保护的前提下合理开发旅游产业，让一些古老的文化“活起来”。近年来台儿庄古城复建项目复兴了古城文化、生活和商贸场景，将枣庄打造成了全国著名的旅游目的地。

随着旅游产业的蓬勃发展，文化不再只是悬挂式的符号，而是人们共同感知、共同参与创造的知识活动。旅游作为文化的载体，让文化变得更接地气，给文化产业的发展带来动力。实现文旅深度融合，需要通过现代手段，将更多文化遗产、

文化资源、文化要素转化为深受旅游者喜爱的旅游产品。除了关注旅游的经济效益，还应关注旅游在改善民生福祉、促进文化发展、提升国家形象等方面的作用，通过旅游产业化、市场化手段来丰富文化产品和服务的供给类型和供给方式。随着越来越多的优质文化资源转为优质旅游资源，多样化的文化将逐渐走向大众、走向世界。

二、我国文旅融合的趋势

我国五千多年的文明史孕育了底蕴深厚的中华文化，幅员辽阔、地形复杂、气候多样造就了异彩纷呈的自然和人文景观，这些都为文化和旅游的发展提供了丰富的资源基础。改革开放以来，我国文旅融合的历史进程与波澜壮阔的现代化进程同步，经历了探索期（1978—1992 年）、成长期（1992—2011 年）、快速发展期（2011—2017 年）、全面发展期（2017 年至今）四个阶段。近年来随着经济发展，人们的精神文化需求不断增加，政府职能整合以及行业加速发展使文旅融合呈现出由表及里、不断深入的活跃发展态势。同时各地政府也在积极探索和谋划文旅融合发展大局，不少地方出台与发布了当地的文旅融合发展实施意见，如吉林省等多地都出台了《关于促进文化与旅游融合发展的实施意见》等政策文件，为文旅融合发展创造了重大机遇，也提出了更高要求。新时代下文旅融合发展呈现以下发展态势。

（一）文化深度体验成为旅游产业发展的新亮点

现代旅游已经从传统“看山看水看风景”的观光游向以文化为主题的文化深度游、休闲体验游转变。文化性作为旅游产业的核心特质之一，体现在旅游活动的各个方面。受益于我国经济转型以及消费升级，旅游群体对旅游内容要求日益增加，国民旅游诉求从求量向注重旅游产品和服务质量、追求旅游品质及深度体验转变，从追求单一的观光产品转变为追求多样化的复合型休闲度假旅游产品，深度参与并充分感受目的地文化内涵的旅游方式正成为一种新时尚。

（二）文旅融合新业态不断涌现

在鼓励文旅融合发展的利好政策环境和巨大市场需求的推动下，我国文旅融合发展迅速。文旅融合丰富了旅游体验，拓展了旅游经济发展空间。文旅融合使得多种类型的文化资源有了旅游功能，促进了新业态的不断出现，激活了文化生命力，加强了文化传播。例如，民俗文化与旅游产业融合形成了民俗文化旅游；

工业文化遗产资源与旅游产业融合，形成了工业遗产旅游；乡村文化与旅游产业融合，形成了乡村旅游；医药文化与旅游产业融合，形成了医药养生旅游等。文旅融合催生了各类文旅小镇、文旅产业园区、文旅综合体、文化公园等新业态（见表 4–1–1）。

表 4–1–1 文化旅游融合新业态举例

名称	新业态类型	旅游与文化的融合
中国（怀柔）影视基地	旅游与影视文化融合	影视基地建设之初明确要建设国内首个国际化新一代专业功能聚合型国家级影视基地，不同于主打外景拍摄的传统方式，强调旅游在完整产业链塑造中的作用
周口店北京人遗址博物馆虚拟体验	旅游与历史文化融合	利用最新科技，发明了高科技应用的“动物魔法卡片”，观众只要将其戴在头上，电脑会经过识别将图像传输到电视屏幕上，这样观众就可以从不同角度看到 50 万年前已灭绝的古动物的样子
上海工业旅游	旅游与工业文化融合	上海的工业旅游景点分为工业企业、现代工业园区、创意产业集聚区、重大建筑成就和行业博物馆五类，以宝钢集团、苏州河畔创意仓库为代表
成都乡村“农家乐”旅游	旅游与乡村文化融合	成都是我国乡村旅游的发源地，经过多年的实践，形成了文化旅游产业，发展方式由单一的农业生产变为吸引城市居民体验、休闲的文化活动
海南呀诺达雨林文化旅游区	旅游与雨林及民族文化融合	通过与环境友好相融，创造“热带雨林＋黎苗文化”特色，实现文旅融合发展
张北草原音乐节	旅游节事活动与音乐文化融合	用摇滚乐的舞台展现张北草原无与伦比的旅游魅力，同时以草原的宽广与自然还原音乐节原始的自由

（三）新型企业组织结构的不断演进

在文旅融合发展热潮中，原有的文化企业和旅游企业逐渐整合成新型部门和业态，形成跨产业的企业组织。相关企业开始多角化经营，创新了组织管理方式，使企业更具活力。例如，旅行社发挥其资源整合优势，形成集会议组织、旅游咨询、景区管理、展览策划、节事举办于一体的新型企业，涌现出了如华侨城、融创文旅等一批优秀的文旅企业。

（四）数字科技推动文旅智能发展

近年来，虚拟现实、云计算、物联网、人工智能等新技术的发展为文旅融合带来了新的机遇，广泛应用于文物展陈、舞台表演、线上营销、活动体验等各个方面，推动了文化旅游在产品形式、组织形态、发展渠道以及生态环境的重大变革，市场上出现了许多科技与文旅融合的典型案例产品。例如，圆明园将虚拟现实技术应用于文物展陈和宣传，数字复原技术让圆明园盛景“还原重现”；故宫创立博物馆文创品牌，还推出了掌上故宫、故宫展览等多款手机 App，开发了《皇帝的一天》《韩熙载夜宴图》等互动游戏；旅游演艺成为新的旅行方式，《长恨歌》《最忆是杭州》等演艺产品受到大众欢迎。国内数字文旅实践展现出前所未有的蓬勃发展态势。

（五）文旅融合空间分布逐渐拓展

从空间视角来看，由于资源禀赋、发展环境和国家及地区经济发展战略的影响，目前我国各地的文旅融合水平也存在地区差异特征：我国东部沿海地区拥有市场、人才集聚优势，文旅融合发展较快，新兴业态丰富，尤其以江浙地区为代表，形成了带动全国文旅产业融合发展的重要增长极，涌现出了上海迪士尼、横店影视城、无锡拈花湾、乌镇戏剧节等众多文旅融合标杆项目与产品；中西部地区由于经济欠发达、基础设施薄弱等问题，当前文化和旅游产业发展水平相对较低，但其拥有悠久的历史文化、少数民族文化，是未来文旅融合发展的重要区域。许多地方目前也在不断发力，如陕西的大唐不夜城、袁家村、秦始皇陵博物院等文旅产品异彩纷呈，致力于创造文旅融合发展的陕西模式；河南推出《只有河南》；甘肃敦煌推出《又见敦煌》演艺、夜间研学游等诸多场景体验产品，成为地方文旅融合的优秀代表。

第二节　我国文旅融合实践的发展措施

第一，坚持以人民为中心的发展思想。随着中国特色社会主义进入新时代，我国社会的主要矛盾变为人民日益增长的美好生活需要和不平衡不充分的发展之间的矛盾，体现出人们的需要已经从保基本的有没有、缺不缺向求品质的好不好、精不精转变，由生存需求型向精神需求型转变，可以说对美好生活的需求更强、要求更高。推动文旅融合发展必须紧扣社会主要矛盾变化，为广大人民群众提供更多的优秀文化产品和优质旅游产品，丰富人们的精神世界，增强人们精神力量，满足人们的精神需求，提升人们的获得感、幸福感。

第二，坚持高质量发展的工作导向。推动文旅融合发展不只是文化和旅游的简单相加，而是要充分发挥文化和旅游的各自优势，促成化学反应，形成发展动能，实现文化和旅游相互促进、相辅相成，提高发展质量和效益。相关部门和企业应以文化和旅游工作体制机制改革为契机，加大资源整合利用力度，优化政策环境、法规环境、工作环境，为事业发展提供不竭动力；要以文化和旅游领域供给侧结构性改革为主线，加快产业转型升级，以深度融合促进理念创新、机制创新、业态创新、模式创新，努力实现更高质量更有效率更可持续的发展。

第三，坚持提高国家文化软实力的战略目标。提高国家文化软实力和中华文化影响力，是党和国家工作的一项重大战略任务，关系到“两个一百年”奋斗目标和中华民族伟大复兴中国梦的实现。文化和旅游都是促进文明交流、民心相通的重要桥梁，是讲好中国故事、传播中国声音、展示中国形象的重要渠道，是提高国家文化软实力和中华文化影响力的重要源泉。推动文旅融合发展必须服从服务国家整体战略，既要用好文化渠道，也要用好旅游途径，全方位、多领域地推进文化和旅游国际交流合作，传播和弘扬中华文化的当代价值、世界价值，塑造负责任、现代化的大国形象，夯实构建人类命运共同体的基础。

第四，坚持实事求是的基本原则。推动文旅融合发展，既是时代课题，又是发展新任务，必须坚持实事求是，从实际出发，做到科学融合、有序融合。尊重客观规律，既看到文化和旅游有能够融合的一面，又看到它们各自相对独立的一面；既努力做到你中有我、我中有你，又做到你还是你、我还是我。坚持宜融则融、能融尽融原则，避免片面强调特殊性和抹杀特殊性两种错误倾向。坚持因地制宜，立足区位特点，依据资源禀赋，走特色化、差异化发展道路，不搞“一刀切”，防止照搬照抄、简单模仿。坚持稳中求进，做到稳扎稳打、久久为功，既不能一味地观望等待，又不能指望一蹴而就；既反对保守、不作为，又要避免冒进、乱作为。

一、产品融合

目前，文旅融合产品类型主要包括文化演出、文化型主题公园、文化节庆、历史文化街区等。产品融合是当前常见的一种文旅融合方式。产品融合依托旅游景区原有的旅游资源，通过将文化要素和旅游资源相融合，推出一种全新的旅游产品。文化内涵的注入会使旅游产品受到旅游者的广泛喜爱。这种融合方式可以让旅游者参与其中，增强旅游者的体验感，使其感受文化与旅游产品相结合带来的魅力，如杭州宋城、深圳锦绣中华等都是产品融合的体现。

二、基础设施融合

基础设施融合是指在旅游景区或者城市中的公共设施之中融入具有本地特色的文化元素。相较于旅游产品融合，基础设施融合是比较细微的，其不像产品融合那样显而易见，但同样也是不可或缺的。基础设施与文化的结合会使旅游者在不知不觉中受到当地文化的影响，从而将其独特的文化铭记在心中。例如，河南省安阳市是甲骨文的出土地，在这里，旅游者可以看到甲骨文样式的公交站牌，将甲骨文和安阳联系在一起，从而形成对这座城市的独特文化记忆。

三、借助信息手段融合

21 世纪是信息的时代，网络技术的不断发展给人们的生活带来了日新月异的变化。因此，文旅融合发展也要借助互联网这一传播介质来吸引旅游者的目光。然而，过去的旅游业宣传仅注重对自然风光的真实写照，文化元素的融入比较少见，并且有些文化通过大众传媒很难传播，这就造成旅游文化没有得到充分发展。如今，随着文旅融合的不断深入以及大众传媒的不断发展，许多文化元素能更好地展现在人们的面前，并且受到了旅游者的广泛喜爱。例如，近几年的旅游广告大多包含本地特有文化，文化的内涵和魅力也被展现得淋漓尽致。不管是“七彩云南”，还是“好客山东”“老家河南”，这些文旅品牌都体现了浓厚的文化气息。

四、与当地居民融合

我国幅员辽阔，不同的地域有不同的自然景观和文化，每一个地区独有的景观都会对旅游者产生较强的吸引力。然而，随着城市化进程的不断推进，各个民族、地区独有的文化也面临消失的危险。如果一个地区失去了它独有的特色，那么其对旅游者的吸引力也会有所下降。文旅融合发展不仅要依靠景区内的融合，还要依靠与当地居民的融合，当地居民独特的生活方式和行为习惯本身就是一种文化体现，如果当地居民能保持本地文化的原生性，那么就会使旅游者获得良好的旅游体验。

文旅融合是我国进入新时代的必然要求，它是符合我国国情的、正确的道路，对于文化传承、文旅产业发展、乡村经济增长具有积极作用。然而，我国的文旅融合发展还处于探索时期，需要全国各地的旅游目的地积极响应国家号召，结合自身文旅产业发展实际，探寻文旅融合新路径，实现文化产业与旅游产业可持续发展。

第三节　我国文旅融合实践的具体案例

一、华北地区文旅融合实践

（一）北京：全国文化中心建设的文旅融合

1. 故宫博物院从“阳春白雪”转向“喜闻乐见”

故宫博物院是在明清皇宫和皇家收藏的基础上建立的，其成立于1925年，是我国最大的古代文化艺术博物馆。

过去，故宫博物院一直保持传统博物馆“高冷”的形象。展览虽有文化内涵，但并不为普通百姓所“喜闻乐见”，有一定的距离感。故宫里的文物被看作远离当今社会的物品，只是被观赏、研究的对象。它们有灿烂的过去，也应该有有尊严的现在，还应该健康地走向未来，所以故宫在改变，在往文旅融合的方向发展。

如今，故宫博物院自身的品质和角色仍旧存在，但形式和内容却从“阳春白雪”转向“喜闻乐见”。展览虽具有一定的专业性，却尽可能地贴近人们的生活，从大部分受众可以理解的角度来设计展览。

2. 故宫博物院文旅融合定位与理念

（1）精准的市场定位

在客群定位上，故宫刚开始将自己的产品客群定位在35岁到50岁的人们，以男性为主，在产品设计上偏向传统。直到几款年轻化的产品大受欢迎，才促使故宫调整步伐更加注重年轻群体。目前，故宫已将自己产品用户定位在35岁以下的人群，以女性为主。

产品与生活对接。故宫已推出的产品，大多是一些观赏性的瓷器和绘画，虽属精品，却很难打动消费者。现在故宫研发的产品，除了上述产品，更多的是既富含文化底蕴又与大众生活息息相关的产品，让产品具有实用性，尽可能地扩大产品覆盖面，包含文物藏品、生活用品、服装首饰、创意出版、创意家居、创意文具等方面。故宫文创产品不再是简单地复制藏品，而是找到了与社会生活的对接点。

根据客群分类定价。不同的客群有不同的消费能力，故宫针对不同的客群大致可以把产品分为可爱系产品和文雅系产品。可爱系产品风格多以憨态可掬为主，迎合年轻群体，定价显得亲民；雅系产品风格则多以典雅和别致为主，符合传统文化爱好者的品位，定价相对偏高。

（2）寓意导入故宫文化特质的理念

创意引申是指提炼故宫文化特质，并将其引申到具有相同特质的生活用品中；寓意导入是指将故宫文化中寄托美好祝福的话语或图案导入日常生活用品中。主题系列是指根据同一主题的故宫文化，开发多种不同种类的文创产品。故宫猫系列是其中的佼佼者。故宫猫灵感来自故宫的 20 多只“猫保安”，设计师根据故宫猫的历史渊源、文化寓意和背后故事，设计出“大内咪探”形象，并打造了书包、橡皮、手表、手机壳等系列产品。2016 年，故宫猫系列文创产品获得了中国旅游商品大赛金奖。

3. 案例

（1）故宫夜游打开面向世界的另一扇窗口

2019 年春，为了拉动夜间经济，故宫首次在夜间开放。当时消息一出，举国上下一片沸腾，大家对夜间的故宫充满好奇。故宫在此节点开放，无异于给了大家一个机会去探索故宫的神秘。当然，更多的人对故宫的好奇并不止于电视上渲染的那些故事，作为国家的名片，故宫承载了几千年来中华民族的传统文化。

故宫夜游是北京夜间经济与文化旅游相融合的其中一步。北京是全国文化中心，作为首都，是面向全世界的一个窗口，这里有举世闻名的故宫、长城。自从文化和旅游部设立后，全国各个地方都在探索文旅融合的新模式。以故宫为例，开放夜间故宫是其文旅融合的一个象征。

（2）科技引领下的文创商品

六百多岁的故宫虽顶着皇家招牌，但不是固执守旧的“老人”，它随着年龄的增长，越活越年轻。“文”能及时洞悉网络语言，“武”能勇于尝试高新科技。

在故宫博物院的官网上，我们可以看到大量具有故宫特色的文化产品出售，小到铅笔、橡皮，大到折扇、书籍。从这些产品上，我们能够感受故宫的文化，这是中华民族沉淀多年的历史文化。故宫博物院里的这些文创产品外观美丽，富有古典的味道。

故宫博物院单单凭借文创商品一年收入就十分可观。文创商品不仅让严肃的文化走进年轻人的时尚生活，也带来了十分丰厚的价值变现。

（3）基于文化中心建设的实践特征

北京市基于文化中心建设进行文旅融合：在顶层设计上融合，聚焦全国文化中心建设；在高质量发展上融合，聚焦供给侧结构性改革；在品牌塑造上融合，聚焦文化旅游产品创新；在形成合力上融合，聚焦构建融合发展机制。

（二）山西：特色乡村创意演绎剧场的文旅融合

1. 司徒小镇原创项目

山西省的文旅融合实践主要在特色乡村进行，司徒村是其中的典型案例。村民原创的乡村创意演艺剧场已成系列，先后问世的有《千年铁魂》《又见老山西》《梦回老山西》等项目，开创了农民原创、农民演出、农民经营、农民管理的发展模式，打造了国内首家自创、自编、自导、自管、自营的乡土人文创意项目，成了乡村旅游演艺项目投资的国内经典案例。此外，司徒村还投资开发了诸多商业休闲消费业态，经过市场的检验，大获成功。

2. 司徒小镇文旅融合的定位与理念

（1）瞄准“五个一”的定位

其一，编写一个好故事。通过在地文化“九头十八匠”故事的传承，对“5000年老山西人文”的嫁接，通过对时尚文化“情景剧沉浸式互动演出”的创造，司徒村实现了从乡村振兴到特色小镇的发展，司徒小镇风生水起，成为备受欢迎的旅游消费目的地。

其二，谋划一个新产业。无论是特色小镇，还是乡村振兴，必须产业先行。产业的发展必须是“产业系 + 业态群”，只有这样才能成为一种经济模式，这才是当地政府谋划的关键点。

其三，搭建一个大平台。吸引更多的更好的创业型公司和人才来到司徒村，才是乡村振兴与特色小镇可持续发展的基础。

其四，选择一个好环境。要想生产、生活、生态并重，良好的区位优势和生态环境必不可少。区位优势是特色小镇选址的比较优势，生态环境是特色小镇选址的成本优势。

其五，建好一条资本链。要想产业主导、产业先行、产业维系，就必须拿到当地政府的政策突破点、政策优势点、政策覆盖点，同时形成债股并行、渠道畅通的投资—收益—退出机制，这才是特色小镇成功的关键路径。

（2）繁荣优秀文化与发展现代经济相结合的理念

山西文旅融合把繁荣优秀文化与发展现代经济结合起来，把弘扬三晋优秀文化与加快文化旅游产业发展结合起来，推动文化功能与旅游价值、文化业态与旅游业态、文化创新及旅游创新进行多方位、全链条深度融合，实现资源共享、优势互补、协同并进，为文化建设和旅游发展提供新引擎和新动力，形成发展新优势，做强五台山、云冈石窟、平遥古城三大品牌，隆起黄河、长城、太行三大板块，完善大运黄金旅游廊道，构建全省域旅游发展新格局，加快把文化旅游业培育成山西省战略性支柱产业。

3. 案例

（1）改革破题，盘活集体资产

自 1999 年开始，司徒村紧跟时代步伐，以经济建设为中心，以壮大集体经济为主线，带领全体村民闯出了一条工业发家、农业旺家、旅游成家的发展之路。第一个地面企业就是编织袋厂。2000 年 8 月，创和塑料制品厂诞生了，短短几个月，该厂便创造产值超百万元。2000 年至今，司徒村坚持以经济发展为重心，并且鼓励村民入股集体企业，享受集体经济发展红利。

（2）与时俱进，创新文化旅游项目

2010 年，该村在村南的一片垃圾山和渣石山上开始动工修建司徒小镇，当时以现代农业园为主，以晋城市现代都市农业园立项，到了 2011 年，运用农民土地市民种的理念，司徒小镇开启了第一个产品开心农场，土地由园区统一流转、统一经营。以旅游的“食住行游购娱”为导向，该村在 2015 年的国庆节成功开启了第三个产品六尺巷。六尺巷即司徒小镇明清文化街，深度还原了老山西的市井生活。从开业到现在，临街小商户发展到百余家。

（3）整合资源，打造民俗实景剧

由于开心农场和六尺巷，司徒小镇逐步有了人气，举办了司徒小镇第一届民俗文化节，以“春到司徒”为主题，活动以打铁花为主。民间传统打铁花于 2015 年春节期间在司徒小镇的湖心小岛首次上演，从此司徒小镇一炮走红，总客流量实现快速增长，成了晋城市人气最旺的文化活动。

2015 年至今，司徒小镇已连续成功举办了六届民俗文化节，游客接待量屡次刷新晋城市旅游行业纪录。独创的大型山水实景剧《千年铁魂》《又见老山西》，频频亮相于央视和各省市电视台，以及新浪、网易、搜狐等各大主流媒体。

（4）基于地方特色乡村文化进行创新

山西省基于民俗旅游建设进行文旅融合：基于当地特色乡村文化进行创新，开发乡村旅游演艺项目，发挥人文特色，共享资源，做强板块，激活运河廊道；构建新型产业，搭建创业平台，与时俱进，打造出盘活集体资产后的文化旅游巷、民俗实景剧；运用新浪、网易等主流媒体传播。

（三）内蒙古：草原文化歌舞诗画演艺的文旅融合

1. 打造有草原特色民俗文化内涵的演艺产品

近年来，内蒙古自治区旅游演艺进入了快速发展阶段。内蒙古在“十三五”期间重点打造的旅游演艺产品就有十二个，分别是《千古马颂》《马可·波罗传奇》《无伴奏合唱》《呼伦贝尔大草原》《鄂尔多斯婚礼》《天骄·成吉思汗》《阿拉腾陶来》《契丹王朝》《库布其》《森吉德玛》《黄河水绕着准格尔流》《灵魂之旅》。各盟市也在逐步打造具有自己文化内涵的演艺产品，如呼伦贝尔市推出《天边》《额尔古纳之恋》《敖鲁古雅》等；兴安盟打造了大型原创音乐舞蹈诗画剧《梦幻阿尔山》等作品；通辽市打造了歌舞剧《敖包相会的地方》和宫廷乐舞《梦回科尔沁》。内蒙古民族艺术剧院于 2014 年推出的《千古马颂》作为内蒙古自治区文旅融合发展的排头兵，备受社会各界关注和好评。该剧目以马表演为主，综合运用了蒙古族歌、舞、乐、杂技等艺术元素，融合现代高科技舞台技术，为观众呈现了一场风格浓郁、艺术精湛、内涵深刻的视听盛宴。该剧目于 2015 年获得国家艺术基金跨界融合类舞台艺术项目的资助，并被列为内蒙古自治区文化产业重点项目。该项目现已成为内蒙古自治区独特的文化旅游品牌，并以其独特的艺术风格在全国旅游演艺市场独树一帜，并在 2019 年荣获艾蒂亚“中国最佳旅游演艺项目奖”。

2. 内蒙古文旅融合的定位与理念

（1）多维文化叠加的定位

多维草原地域文化融入旅游演艺产品和商品。内蒙古自治区少数民族聚居，游牧文化、河套文化、林俗文化、红山文化、红色文化等在此交融汇聚。近年来，随着内蒙古大力实施“旅游 + 文化”战略，文旅融合新生态成为旅游产业发展新的增长极。在内蒙古首届旅游发展大会召开以后，文化旅游发展态势如雨后春笋，在旅游产品、景区演艺产品和旅游商品的设计研发上不断深入融合历史民族文化、地方风土民情。

深度打造具有内蒙古历史特色文化的民俗。15 世纪中叶，蒙古族鄂尔多斯部进驻鄂尔多斯地区，使鄂尔多斯成为以蒙古族为主体、汉族占多数的多民族聚居区，蒙古族文化成为鄂尔多斯历史民俗文化的重要组成部分。2019 年，九城宫旅游度假区为了能让旅游者体验吃蒙古餐、住蒙古包、骑蒙古马、看演出、祭敖包、跳篝火和感受蒙古原生态游牧生活，建成了伊克汗蒙古游牧部落。

（2）历史文化旅游演绎与纳凉避暑相结合的理念

黄花沟旅游区位于辉腾锡勒草原，辽阔的鲜花草原，加之纳凉避暑的属性，每年吸引数十万旅游者前来观光。文化是旅游的灵魂，内蒙古一直在研发更新文化演艺产品，把蒙古族歌舞、祭敖包等古老的文化呈现给旅游者，让旅游者深刻地感受这片草原。

3. 案例

（1）民族婚庆演艺节目展现草原民俗文化

蒙古族的婚姻仪式是多种多样的，这其中尤以鄂尔多斯婚礼最为精彩。鄂尔多斯婚礼有哈达定亲、佩弓娶亲、拦门迎婿、献羊祝酒、求名问庚、卸羊脖子、分发出嫁、母亲祝福、抢帽子、圣火洗礼、跪拜公婆、掀开面纱、新娘敬茶、大小回门等一系列特定的仪式程序和活动内容，把已经流传了多年的鄂尔多斯婚礼搬上舞台，可以让旅游者通过比较轻松的形式了解鄂尔多斯的歌舞、饮食、文化、礼仪和风俗。

（2）大型实景历史剧演绎民族历史

2016 年，二连浩特市引进了大型实景历史剧《成吉思汗的黑纛》，该剧组拥有蒙古国 50 名矫健骑手和 60 多匹训练有素的蒙古马、俄罗斯黑马、矮马、纯种汗血宝马。演出场景分为几幕，依次为黑纛、老牧人、狩猎、那达慕、萨满等，生动地讲述了成吉思汗统一草原上的游牧部落、建立蒙古汗国的过程，场面宏伟壮观。受到欢迎后，二连浩特市对《成吉思汗的黑纛》演出场地进行了舞美、灯光的提档升级，更名为《天骄传奇》，并对原有演出剧情进行更新设计，同时增加对马背上民族的历史的演绎，提档升级后的演出效果变得更加震撼。

（3）挖掘非物质文化遗产的旅游价值，重拾“记忆”

让“美好记忆”重回公众视野。据统计，内蒙古入选联合国教科文组织人类非物质文化遗产代表作名录项目 2 项，国家非物质文化遗产项目 98 项，自治区级非物质文化遗产 545 项。[①] 近年来，内蒙古不断挖掘非物质文化遗产潜在的旅游价值，让“美好记忆”重回公众视野。

挖掘非物质文化遗产的体验性和观赏性。内蒙古自治区基于特色文化建设进行文旅融合，充分发展游牧特色文化旅游演艺，多种文化叠加旅游融合，以历史文化提升旅游品质。

---

① 内蒙古自治区人民政府．《非遗里的中国》走进内蒙古：融入自然 向往美好[EB/OL].(2023-07-07)［2023-07-11］.https://www.nmg.gov.cn/asnmg/yxnmg/tcms/ms/fwzwhyc/202307/t20230707_2343427.html.

（四）天津：历史街区“万国博览”式的文旅融合

1. 五大道历史文化街区开发文博文创主题店

天津市五大道历史文化街区既是天津文旅资源集聚区，也是天津文旅深度融合、夜间经济发展最具代表性的区域之一。在 2019 中国夜间经济论坛上，五大道历史文化街区获评“游客喜爱的十大历史文化、商业街区及网红步行街”。天津市和平区委、区政府认真落实天津市委、市政府关于繁荣发展夜间经济的决策部署，投入扶持启动资金，带动了五大道历史文化街区百余家旅游窗口单位业态提升，促进了消费增长。2023 年，民园广场及周边地区增加了一批特色餐饮、文博文创主题店，举办了多场公益性文艺演出，受到了人们的欢迎。

2. 天津市文旅融合的定位与理念

（1）政策引领打造网红城市

2019 年 7 月，《天津市促进旅游业发展两年行动计划（2019—2020 年）》出台，推出了多项举措。近年来，天津围绕旅游发展全域化、旅游供给品质化、旅游治理规范化、旅游效益最大化，打造名人故居游、文化博览游等众多精品线路，努力实现旅游业态显著丰富、旅游品质明显改善、市场份额稳步扩大、城市形象不断提升的目标。打造网红城市，天津在行动。

（2）深挖历史港口城市文化基因

天津拥有丰富的文化旅游资源，具有网红城市的基因和巨大潜质。天津是国家历史文化名城和首批中国优秀旅游城市，天津港是北方最大的综合性港口，天津国际邮轮母港是全国六大邮轮旅游发展实验区之一。九国租界造就了天津中西合璧、古今兼容的城市风貌。天津完整保存着几百座历史风貌建筑，被称为“万国建筑博览会”。

坐落于海河畔的利顺德大饭店，是一家拥有百年历史积淀的“中华老字号”企业。近年来，饭店找准文旅融合切入点，致力于全方位讲好利顺德文化故事。饭店还原性升级了 20 余间历史名人客房，挖掘传承了奶油栗子粉、李鸿章烩菜等老菜单菜品，设计制作了“一品当朝”帽衫、英伦宫廷羽毛笔等蕴含利顺德元素的文创产品，深入打造旗袍美拍、共享书吧和室内音乐会等活动，让客人全方位、沉浸式地感受饭店的历史文化，吸引了众多“90 后”“00 后”的关注，成为网红打卡地。

（3）营造、传播热度城市空间和场景

天津统筹协调资源，突出现代风情和历史文化，营造吸引人关注、有传播热度的城市空间和场景，取得了积极成效。以超强设计感成为网红的天津滨海新区图书馆，以“滨海之眼”为符号推广图书馆形象，精心维护建筑空间品质，输入新理念和新资源，积极把内涵建设从提升内容含量跃迁到提升概念含义；培育新型文化场景，生动呈现图书馆是滋养民族心灵、培育文化自信的重要场所；以“书山”为环境营造沉浸式场景，观众的阅读行为在这里演变成读、看、停留、体验联想等；以滨海文化中心综合体为依托，实现综合性、融合化、一站式服务。

3. 案例

（1）推动中小微文旅企业发展

第十五届中国北京国际文化产业博览会于2020年9月4日至9月9日在北京国家会议中心举办。此届博览会是2020年中国国际服务贸易交易会的重要组成部分，京津冀三地的部分文旅企业携手亮相京津冀文化协同发展展区。天津文旅展团以“文旅融合·魅力天津”为主题，共组织16家文旅企业（项目）参展，立足服务中小微文旅企业，创造展示和交流平台。天津展区展出了天津优秀传统文化和文旅产业发展成果，追求参展实效，助力中小微企业发展，包含了演艺、艺术品、文创产品、旅游商品、旅游资源等内容，使非物质文化遗产焕发新活力。

杨柳青木版年画、泥人张彩塑等都是具有天津地域特色、传承百年的非物质文化遗产项目。今天，这些百年老字号又焕发出了新的生机。天津杨柳青画社作为杨柳青木板画的传承、保护示范基地，在改革中发展，提出了“中华老字号+”的发展思路，联合多家天津品牌，研发出多种新品。天津泥人张彩塑工作室立足现实、红色、历史等题材，创作了大批反映生活、讴歌时代、弘扬社会主义核心价值观的新作、力作。

（2）挖掘津门文化基因，融入大众街区旅游

天津市基于场景精神进行文旅融合，打造了一批资源集聚区，如五大道历史文化街区，在政策的引领下深挖文化基因，营造热度空间场景；在清晰的文化定位和旅游者需求的带领下，提出“非遗+”“文创+”“中华老字号+”的思路，挖掘中国元素和天津文化，深度推进文旅融合。

（五）河北：以文化养分滋养旅游的文旅融合

1. 找准文化和旅游工作的最大公约数

近年来，河北省坚持宜融则融、能融尽融，找准文化和旅游工作的最大公约数、最佳连接点，加快各领域、多方位、全链条深度融合，实现了资源共享、优

势互补、协同并进，为文化建设和旅游发展提供了新引擎、新动力，形成了发展新优势。

2. 正定文旅融合的定位与理念

（1）以文促旅、以旅富民

文化是旅游发展的灵魂和基础。正定有1600多年的建城史，厚重的文化为旅游业发展提供了极具魅力的资源。近年来，正定把旅游和古城保护恢复相结合，获得了文物有效保护、城市品质大幅提升的双赢。旅游成了富民的支柱产业，这座千年古郡日益迸发出新活力。

从古城到大院，从山区到草原，从海滨到乡村，正定在推动旅游业发展的过程中注重将各类文化资源与旅游资源相结合，在旅游产品中融入文化元素，用文化的养分滋养旅游，全面提升了旅游景区的品位。

（2）以旅彰文，让旅游者体验文化内涵

以旅彰文可以丰富文化产品供给渠道和传播范围，扩大文化产品与服务的受众群体和覆盖面，更好地传播中国特色社会主义文化，提升我国文化旅游软实力和文化旅游影响力。

非物质文化遗产与旅游相结合，能够让优秀传统文化在旅游业的引领下更好地得到弘扬。正定利用蔚县打树花、吴桥杂技、武强年画等非物质文化遗产资源，以文艺演出、文创产品的形式实现了文化可视化、体验化与产业化。

同样，地域文化、民族文化、宗教文化等以节庆活动的形式，让旅游者在参与体验中理解旅游目的地的文化内涵。文化古迹、文化遗产的修复与旅游业相结合，可以使一些古老的文化“活起来”。

（3）以文创业，以文旅产品撬开各项产业

通过原创设计将传统文化元素与旅游商品结合，小小的文创产品也可以撬动文旅大产业。除了文创产品，河北省以创新创意为核心，促进文化、旅游与农业、工业、康养、体育、教育等相关产业深度融合发展，有序引导邮轮游艇、低空飞行、自驾车旅居车旅游，推出更多优秀的工艺美术、演艺娱乐、节庆展览等，开发动漫游戏、网络音乐、数字艺术等新型文化产品。

3. 案例

（1）以旅兴文、以节造势、以节兴旅

近年来，河北省从古城到大院、从山区到草原、从海滨到乡村，无不把文化作为旅游的灵魂，用旅游带动文化。这种文旅的融合推进，不仅使文化资源找到了新市场、获得了新发展，而且还为旅游业增添了新内涵，其中典型的代表就是正定。

正定厚重的文化成为旅游业发展极具魅力的资源，让其走出了古城文化与旅游开发深度融合的路子。正定以文促旅、以旅兴文，按照以节造势、以节兴旅的思路，抓住节点，融入历史文化，擦亮了“古城古韵、自在正定”的品牌。正定以景为媒，串联成片，开辟了“古城＋新区”“美丽乡村＋古城＋滹沱河”等多条精品旅游线路，按照历史文化脉络，把分散的景区景点串成“画卷”，实现了从门票经济到旅游产业链全面开发的转型升级。正定依托丰厚历史文化资源，以打造中国文化旅游名城为目标，以旅游供给侧结构性改革为主线，围绕登得上城楼，望得见古塔，记得住乡愁，深入挖掘资源打造产品，让旅游成为支柱产业。

（2）以文促旅、以旅彰文、以文创业

河北省基于因地制宜进行文旅融合，近年来坚持宜融则融，能融尽融的原则，实现了资源共享、优势互补、协同并进，以文促旅、以旅彰文、以文创业。河北省在推动文旅融合的同时，不断加速新型文化产业发展，推进旅游业持续发展。

二、华东地区文旅融合实践

（一）上海：江南海派文化赋能旅游的跨界融合

1. 文化内涵的深度展现促进“旅游 +N”的跨界融合

（1）“旅游 +N”的跨界融合

上海市商务委牵头的金秋购物旅游季打造了多条商旅文联动专线，整合了几百处名品、名牌、名店、名街。秋天是丰收时节，上海市农村农业委员会和市交通委推出了多条乡村精品旅游线路，全面呈现上海郊区最美乡村。上海电影集团举办了卡路里马拉松·无忧游园会，多家长三角的知名品牌商带来的精美文创和互动活动吸引了广大市民和旅游者的参与。第三届中国（上海）国际健康旅游交易会成为旅游景区、中医药行业、体育养生跨界融合的重要平台，推动健康旅游产业合作共赢、繁荣发展。

（2）文化内涵的深度展现

上海的都市旅游资源离不开红色文化、海派文化和江南文化的赋能，只有赋予旅游“文化灵魂”，深度展现上海的文化内涵，才能为市民和旅游者提供更好的文旅体验。2020 年，上海在旅游节期间全面升级“建筑可阅读”的内容，举办第二届文创集市，将上海的“建筑可阅读”逐步向资源特色开发的方向发展，让市民和旅游者能更立体更直观地了解城市历史，品味城市文化。

2．上海市文旅融合的定位与理念

（1）多维融合，让文物活化、“建筑可阅读”

上海主要从产业融合、空间融合、服务融合、交流融合四个方面推动落实文旅融合发展。在产业融合方面，上海着力推进文旅资源开发开放。例如，将博物馆、美术馆、剧场等文化场馆和设施融入旅游产品和线路；深化“建筑可阅读”项目，让文物“活”起来。目前，上海六个中心城区已有上千处建筑完成二维码设置，运用二维码扫读、建筑整体识别、位置服务、移动应用等技术，丰富市民和旅游者的游览体验。

同时，上海不断推动文化旅游夜间消费。从2020年7月开始，上海首批博物馆每周五试点延长开放时间；上海市文化和旅游局集中发布了文旅场馆的夜游推荐名单，丰富市民游客选择。此外，上海着力提升旅游的文化内涵。例如，上海推动黄浦江游览提质升级，加强水岸联动，推出“快线游”等新游线，发布覆盖全市的“休闲好去处”，满足旅游者多元化的需求。

（2）培育城市文化旅游新空间，提升乡村旅游品质

在空间融合方面，上海通过聚焦重点“市民休闲首选地”、培育城市文化旅游新空间、提升乡村旅游品质，丰富人们可去、爱去的旅游休闲空间。在服务融合方面，上海以旅游公共服务中心、社区文化活动中心为主干，以文化场馆、旅游景区咨询服务点为补充，打造“城市文化旅游会客厅”，更好地发挥传播文化、推介旅游、展示上海的窗口作用；建好建强社区志愿服务者、讲解员（导游员）两支队伍，让讲解员（导游员）成为优秀文化的传播者。在交流融合方面，上海联合长三角省市推出“畅游长三角惠民一票通”产品，发布长三角统一的文旅企业“红黑榜”标准，持续提升长三角文化旅游吸引力、竞争力；同时，上海已与多个国家和地区同步开展文化传播和旅游推广，全力展示上海城市形象。

3．案例

（1）将游乐园项目的溢出效应延伸至旅游

我国内地首座迪士尼乐园产生了溢出效应，上海迪士尼乐园辐射了整个长三角地区。迪士尼开园以来，很多旅游者来自远端市场，迪士尼带来的延伸旅游不仅涉及上海市区，选择前往江苏、浙江旅游的旅游者数量占比也非常大。对此，有关部门推出了可畅游长三角地区多处文旅特色景点的“长三角PASS”旅游年卡。“长三角PASS”旅游年卡的推出，是长三角三省一市旅游资源加速集聚、沟通、串联的惠民成果。推出“长三角PASS”旅游年卡这款便民惠民产品，是为了让旅游者得到更多实惠，提升其满足感和幸福感。年卡首批推出“沪杭宁臻享

版 299 元”“沪杭悠享版 199 元”等产品，总价值超过 3000 元，优惠力度非常大。未来，“长三角 PASS”旅游年卡将联动区域内更多城市，为长三角居民畅行、畅游长三角提供优质服务。

（2）实现产业、空间、服务、交流跨界融合

上海市基于旅游跨界融合进行文旅融合：整合上海市的名品、名牌、名店、名街，推进文旅商跨界融合，深度展现上海的文化内涵，从产业融合、空间融合、服务融合、交流融合四个方面推动落实文旅融合发展。

（二）浙江：文旅 IP 工程引导的文旅融合

1. 解码“文化基因”，推进“诗画浙江”建设

浙江省全面推进“文化浙江”“诗画浙江”建设。2020 年，浙江省文化和旅游厅实施了“文化基因”解码工程。为了解答好什么是文化、文化是什么的问题，浙江省围绕优秀传统文化、革命文化、社会主义先进文化，从文化形态入手，以文物、非物质文化遗产、古典文献、艺术作品等为依据，挖掘、研究、阐释优质文化元素，抓住关键价值点，解码“文化基因”，为推进当地文旅融合、弘扬优秀文化奠定坚实基础。浙江省坚持以文塑旅、以旅彰文，围绕浙东唐诗之路、钱塘江诗路、瓯江山水诗路、大运河文化带（文化公园）、生态海岸带、十大海岛公园、十大名山公园、之江文化中心等，加强千万级核心景区谋划招商引资建设，储备一批，开工一批，施工一批，竣工一批。全年文化和旅游总投资预计超过 2 万亿元，实际完成投资将超过 1500 亿元。①

2. 浙江 IP 工程引导文旅融合的定位与理念

（1）以 IP 建设切入形成文旅融合 IP 大集群

浙江将以文旅融合知识产权（IP）建设为切入点和着力点，推动文化和旅游产业高质量发展，助推浙江省建设全国文化高地、中国最佳旅游目的地、全国文化和旅游融合发展样板地。

在文旅融合 IP 建设方面，浙江在近几年使全省文旅融合产品专利、商标、版权注册申请总量位居全国前列；全省文旅融合 IP 原创衍生产品生产销售规模位居全国前列；扶持一批成长型文旅融合 IP，打造一批创新型文旅融合 IP，推出一批示范型文旅融合 IP；形成文旅融合 IP 大集群，使浙江省成为全国文旅融合 IP 发展的先行省、示范省、样板省。

---

① 黄丽丽．浙江推进文旅融合 IP 工程 [N]. 浙江日报，2019-08-12.

（2）建设全国文旅 IP 研究和实践高地

浙江省文化和旅游厅开展了 IP 资源普查，希望在全省范围内摸清基本底数，了解当前文旅融合 IP 现状。浙江省《关于加快推进文旅融合 IP 工程建设的实施意见》中提到，接下来各级文旅产业主管单位将从突出重点领域，鼓励先行先试；构建评价体系，推动全面发展；强化数字化运用，实现智能化管理；发挥行会作用，促进健康发展；开展共享互鉴，加大市场宣传等方面落实各项工作。

此外，浙江省文化和旅游厅还指导成立了全国首个文旅 IP 研究中心。该中心依托浙江省文化产业创新发展研究院（浙江省重点培育智库）、浙江工商大学旅游创新与治理研究院（浙江工商大学智库）等资源，整合相关学科优势，设立文旅 IP 的国内外前沿理论与机理研究、国内外文旅 IP 建设的模式与案例研究、文旅 IP 的应用与实践研究三个研究方向，旨在服务文旅 IP 的理论与实践研究，解决文旅 IP 建设与发展中的现实问题，为浙江建设全国文旅 IP 研究和实践高地提供智力支撑。通过 3 至 5 年时间的努力，该中心或将成为国内领先、国际具有一定影响力的文旅 IP 专业研究机构，为推进文旅 IP 领域的理论与实践研究贡献力量。

3．案例

（1）让旅游者感受民国风情

“叙中韩情·结雪窦缘”——2019 第六届溪口旅游“一带一路”中韩国际登山体验大会在宁波溪口雪窦山隆重举行。不仅有从韩国远道而来的登山爱好者、知名旅行商和重要媒体，还有从我国各地招募而来的媒体主播、登山爱好者、摄影爱好者、在校大学生、自驾游团队和各大媒体等，两国各方人士携手参加了这次充满体验、记忆、友爱和活力的盛会。活动运用文化演绎与雪窦山水“对话”这一形式，在登山赛道沿途布置了溪口民国风情展示、宁波非遗文化节目表演和韩国民俗演示，通过舞、茶、棋、琴、箫、食六方面的演示，让现场的登山爱好者尤其是韩国友人们，全方位感受富有特色的溪口民国风情和浙东地域文化。

此项活动是宁波地区唯一的国际旅游节庆活动，为进一步深化中韩两国旅游、文化、体育交流，不断为中韩友好交流与合作注入新的动能。

（2）“海丝古港·微笑宁波”旅游品牌 Logo 建设

宁波市文化广电旅游局于 2019 年文化旅游节期间正式发布全新的宁波旅游品牌，包括宁波旅游形象“海丝古港·微笑宁波”、宁波旅游宣传口号“顺着运河来看海”、宁波旅游商标（Logo）“阿拉宁波欢迎您”和宁波旅游特色产品等，发布会当日的观看量非常高。

为充分展现宁波旅游主题形象，宁波市文化广电旅游局还重点开发以“四海”

为特色的系列产品，包括海丝文化、海湾风情、海天佛国和海鲜美味。宁波还举办一系列宣传推广活动；实施“诗画浙江、甬菜百碗”三年行动计划，打造浙江首个美食品牌 IP；整合全市百个旅游景区、百家酒店民宿和百条精品线路，聚焦四海游，唱响四季歌。

（3）文旅 IP 建设推动文旅产业发展

浙江省基于 IP 工程进行文旅融合，于 2019 年 8 月印发《浙江省文化和旅游厅关于加快推进文旅融合 IP 工程建设的实施意见》，以文旅融合 IP 建设为切入点和着力点，推动文化和旅游产业高质量发展，助推全省建设全国文化高地、中国最佳旅游目的地、全国文化和旅游融合发展样板地。

（三）江苏：文化创意和科技创新引领文旅融合

1．打造融创意、科技为一体的时尚文化产业基地

大运河旅游带已与江南水乡古镇共同成为江苏旅游的代表性品牌。同时，江南丘陵休闲旅游区、里下河生态旅游区、环骆马湖休闲度假区三大新兴区域旅游集聚区接待游客量持续增长，足以见得新兴旅游集聚区的受欢迎程度。

以南京为例，南京拥有丰富的博物馆、纪念馆资源，同时积极鼓励文化创意产业发展，吸引了大量旅游者。例如，南京的 1865 创意产业园前身是洋务运动期间创建的金陵机器局，如今有关部门充分挖掘其历史文化底蕴，保护性开发利用老建筑，以文化创意和科技创新为主题内容，将园区打造成为国内外知名的融文化、创意、科技、旅游为一体的综合性时尚创意文化产业基地，是工业旅游的成功范例。

此外，南京举办了丰富的读书日、读书节、文化讲座等活动，积极建设综合性文化中心，获得了市民好评，如秦淮灯会荣获“2019 非遗与旅游融合十大优秀案例”之首，很好地践行了宜融则融、能融尽融、以文促旅、以旅彰文的原则要求。

除了丰富多彩的文旅活动，南京市还通过文化旅游发展宣传，结合主要节庆活动和重点工作进行多元宣传，打造特色旅游产品，如文博之旅、美食之旅、生态之旅、养心之旅等深度体验主题线路产品；推出具有南京特色的科普游、名校游等研学旅游商品，鼓励旅游企业创新研发旅游产品，塑造“研学南京，成长旅行”的品牌形象。

2．江苏省文旅融合的定位与理念

（1）搭建文旅融合平台

江苏省充分利用各地的自然禀赋和人文优势，坚持政府主导、市场运作、企

业参与，推出一批具有融合特色的活动载体。比如，文化和旅游部与江苏共同主办的戏曲百戏（昆山）盛典，成为国内所有戏曲剧种集中交流演出、活态展现的首创之举。江苏省通过筹建中国戏曲博物馆，建设昆曲小镇，打造以戏曲文化为主题的旅游线路产品，努力实现戏曲传承发展与旅游资源开发的互促共进。比如，围绕贯彻落实习近平总书记关于大运河文化带建设的重要批示指示精神，筹办首届大运河文化旅游博览会，立足大运河全域，通过设置主题演出、展览展示、主题论坛、互动联动等板块，努力把大运河文化旅游博览会打造成为大运河文化带建设的标志性项目，成为国内外具有重要影响力的文旅融合品牌。

（2）用活文化旅游阵地

我们要适应旅游者参观、休闲、购物的新需求，进一步完善设施功能、丰富产品供给、提升服务水平，把文博场馆打造成为有温度、有故事、有品位、有体验的“文化客厅”。尊重旅游者的感受和体验是当代旅游业转型发展的必然要求，要推动建设景区、度假区、乡村旅游区、精品民宿、旅游集散中心和游客服务中心等旅游场所，多注入文化元素，多增加文化体验项目，使其成为传播文明、体验文化、展示特色的重要窗口。

（3）把文化创建项目打造成旅游目的地

江苏省注重用旅游彰显文化创建的价值，把更多文化创建项目打造成旅游目的地。比如，南京 1865 创意产业园抓住创建国家级文化产业示范基地的契机，依靠文化创意和科技创新，对历史文化实施保护性开发利用，成为工业旅游的成功范例。此外，还应注重用文化提升旅游的内涵，把更多的文化创建项目打造成文旅融合精品。现在，上车睡觉、下车拍照的浅层次旅游已不能满足人们对旅游的需求。我们要在全域旅游、旅游风情小镇、乡村旅游、A 级旅游景区、旅游度假区等的创建中，增加文化的底色和特色，让人们在旅游中有更多的文化获得感。

3. 案例

（1）资源深度融合，打造美丽乡村品牌

对传统旅游产业而言，依靠旅游观光、住宿、饮食来带动消费，对经济增长有一定的拉动作用。但是，以自然景观为基础，通过创意设计提升产品的文化意蕴与趣味，可以增强旅游者的消费体验，从而创造出更高的利润，延伸产业链条，将是景区发展的趋势。

道家文化、状元文化、淮剧小镇、爱情小镇……各地依托本土资源，不断延伸产业链条，加入品牌文化创意，以 IP 赋能乡村旅游。

（2）建设综合性景区

戏曲是中华民族伟大的精神财富，将戏曲元素和旅游相结合能实现社会效益和经济效益的双赢。建湖是淮剧的主要发源地，淮剧小镇不只是小众淮剧爱好者独有的资源，还应将淮剧文化符号将融进城市里。到芦苇荡里感受一次自然风光，去淮剧小镇听一首古典戏曲，在温泉度假酒店泡一次温泉，九龙口度假区留给旅游者的，将是集文化、旅游、看戏为一体的一站式深度旅游体验度假区。

看薰衣草去法国普罗旺斯太远，就来江宁谷里大塘金。谷里大塘金流传着这样的说法。2014 年 5 月，大塘金种植的 400 亩（1 亩 ≈ 666.67 平方米）薰衣草首次绽放，天然地形造就了薰衣草梯田的独特景观，得天独厚的薰衣草资源也为大塘金香草谷的发展提供了灵感。

（3）建设综合性文化中心

江苏省进行活化型文旅融合，充分发挥当地的丰富文化资源，积极建设综合性文化中心，搭建文旅融合平台，用活文化旅游阵地，深化文化旅游创建，实现文旅资源深度融合。

（四）安徽：以优质文旅项目为抓手推进文旅融合

1. 着力打造“金、红、蓝、绿”四色旅游板块

凤阳县在宣传旅游景区时，以全域旅游示范区和小岗村乡村旅游区创建为抓手，着力打造“金、红、蓝、绿”四色旅游板块，做好金色旅游板块“游中都”、红色旅游板块“学小岗”、蓝色旅游板块“走淮河”、绿色旅游板块“览凤阳”主题旅游产品。金色旅游板块，即以县城为中心的人文旅游圈，包含明中都皇故城国家考古遗址公园、明皇陵景区、鼓楼景区、龙兴寺景区、凤阳县博物馆、钟楼文化广场、洪武公园、云霁街特色文化旅游街区；红色旅游板块，即以小岗村为核心的东部红色与乡村旅游区，包含小岗村、燃灯寺、朱元璋出生地等；蓝色旅游板块，即以临淮关古镇为龙头的北部沿淮旅游观光带，包含临淮关古镇、钟离古城、月明湖湿地公园、花园湖田园水乡、门台老烟厂、花园湖进洪闸湿地公园等；绿色旅游板块，即以凤阳山旅游区为核心的南部生态休闲度假旅游区，包含凤阳山地质博物馆、狼巷迷谷景区、韭山洞景区、卧牛湖、吴窑古村落等。

2. 安徽凤阳县文旅融合的定位与理念

（1）发展全域旅游，打造世界级旅游目的地

2020 年以来，安徽省凤阳县文旅局坚持新发展理念，紧抓长三角一体化发展

战略机遇，以文促旅、以旅彰文，发展全域旅游，以打造世界级旅游目的地为目标，积极推动文旅产业高质量融合发展。

（2）顶层设计，规划先行

凤阳县坚持把规划编制、顶层设计作为促进文化旅游事业发展、全域旅游示范区创建的基础性、关键性工作来抓，不断完善促进文化旅游高质量融合发展的政策体系。凤阳县政府先后出台《凤阳县旅游产业发展专项资金奖扶办法的通知》《关于促进全域旅游发展加快文化旅游名县建设的实施意见》，将文化旅游业发展作为重要内容纳入经济社会发展规划和国土空间、基础设施建设、生态环境保护、林业发展等相关规划中。

（3）旅游搭台、文化唱戏

凤阳县以旅游搭台、文化唱戏为抓手，大力开发凤画、凤阳花鼓等非物质文化遗产旅游文创产品，做好凤阳花鼓、凤阳凤画、凤阳民歌等非物质文物遗产的传承，“五一”“十一”等节假日期间在狼巷迷谷、明皇陵等旅游景区连续举办“非遗进景区”活动，现场表演凤阳花鼓，展示凤画绘画，打造凤阳非遗大县名片。

（4）举办活动，培育品牌

凤阳县针对资源特色，举办凤阳山旅游区年货采购节、2020“小岗红”樱桃采摘游、小岗村葡萄文化旅游节暨北极光灯光秀等节庆活动，不断提升凤阳文化旅游的品牌力和影响力。

3. 案例

（1）深挖农耕文化

千年古村借力文旅融合“振翅高飞”。近年来，巢湖市烔炀镇凤凰村以绿色生态为主题、以湖水田园为依托，深挖农耕文化，围绕春花、夏果、秋稻、冬茶，打造都市桃花源、田园慢生活体验地。如今的凤凰村，更是天蓝水碧、绿草如茵、环境整洁、乡风文明，人居环境整治成效已走在全省前列。凤凰村着力培育“烔炀凤凰”“凤凰食匠”区域品牌，全域旅游产品统一冠名，走出了一条“旅游＋电商＋农业”的深度融合道路。近年来，凤凰村着力延伸产业链条，结合各类林木、果木、花卉，着力培养旅游产品服务人才，推出赏鸟、赏花、采摘、写真摄影等特色农旅产品。同时，该村还鼓励休闲农业主体遵循绿色自然的原则发展养殖，农副产品备受都市消费者欢迎。除了现场采摘，还提供网上下单、快递到家和走进商超展销的服务，真正让绿色天然无公害的农产品更快更好地走上消费者的餐桌。

（2）利用非物质文化遗产创新

安徽省进行保护型文旅融合，在保护好原有遗址公园、景区的基础上，打造一系列生态休闲度假旅游区，紧抓长三角一体化发展战略机遇，充分利用非物质文化遗产进行创新。

（五）江西：各领域、多方位、全链条的文旅融合

1. 创新夜间旅游产品，促进消费市场升级

杜鹃红、青花蓝、香樟绿、马蹄金，“四色”交相辉映；庐山天下悠、三清天下秀、龙虎天下绝，文旅资源丰厚，这便是江西。为加快建设文化和旅游强省，江西省近年来从打造优质旅游发展环境、拓展文旅提升空间等方面入手，加快文化和旅游在各领域、多方位、全链条的深度融合，通过夜间旅游产品创新、旅游消费市场升级、深化体制机制改革等方式，实现全省文旅业加速跑，为经济高质量发展提供新引擎、新动力。

2. 江西省文旅融合的定位与理念

（1）“诗和远方”珠联璧合

2018 年 11 月 5 日，江西省文化和旅游厅召开干部大会与机构改革动员大会，正式拉开了文旅融合发展的大幕。面对机构改革的繁重任务，江西省行动迅速，目前已组建新机构，各项改革任务稳步推进。

光辉灿烂的历史铸就了辉煌的赣鄱文化，大自然的馈赠造就了壮丽的江西风光，也为江西文旅融合发展提供了丰厚的资源。江西省在深化文旅融合创新实践的过程中，大力促成文化与旅游的激情碰撞和深度融合，带来了文化旅游产业的万千新气象。

（2）实施文旅强省战略，促进业态融合、产品融合

大战略布局奏响了旅游强省建设最强音。2018 年 6 月，江西省委、省政府出台《关于全面推进全域旅游发展的意见》，提出要以优质旅游、全域旅游为引领，以旅游供给侧结构性改革为主线，全面提升旅游业的整体水平和发展质量，把江西省建设成为国际知名旅游目的地。江西省旅游产业发展大会提出，要着力推进文化和旅游深度融合，努力实现旅游产业高质量跨越式发展。

随着文化和旅游机构改革的完成，江西省文旅系统聚焦发展大局，着力推进理念融合，从思想深处打牢文旅融合发展的基础，推动文化和旅游深融合、真融合；着力推进职能融合，扎实完成机构改革各项任务；着力推进产业融合，积极寻找文化和旅游产业链条各个环节的对接点，促进业态融合、产品融合。

（3）树立“江西风景独好”大品牌

品牌创建让“江西风景独好”更闪亮。2018 年，南昌的滕王阁成功成为国家

5A 级旅游景区。截至目前，江西省 5A 级景区数量达十四个。目前，江西省正在对旅游产品进行全域提升，不断擦亮“江西风景独好”名片和丰富江西文化旅游的内涵。

（4）创新激活文旅融合

创新激发旅游发展新活力。2019 年 3 月 28 日，武功山经营管理体制改革《委托经营协议》集中签约仪式举行，这标志着江西深化改革在文化旅游领域取得重大突破。江西省借鉴武功山经营管理体制改革经验，推进庐山西海和庐山两个景区的管理体制改革，对跨行政区域的旅游景区加大资源整合力度。

（5）实施旅游扶贫工程

旅游产业不仅是朝阳产业、绿色产业，更是惠民产业。近年来，江西省大力实施旅游扶贫工程，带动全省数以百万计的人吃上旅游饭。

3. 案例

（1）古窑让非物质文化遗产“活”起来

千年窑火，生生不息，承载着中华文化与中华民族哲学智慧的江西景德镇手工制瓷工艺享誉全球，文旅相融，古窑新生。为传承展现手工制瓷工艺，景德镇古窑恢复传统制瓷作坊，并复建复烧瓷窑，使景德镇古窑景区重新焕发生机与活力，成为代表千年瓷都的一张瑰丽名片。

（2）非物质文化遗产让中国最美乡村更有“味道”

在江西婺源，悠久的徽商历史在这片热土遗留了丰富灿烂的非物质文化遗产。这里有徽剧、绿茶制作技艺等五项国家级非物质文化遗产，有甲路纸伞制作技艺等十二项省级非物质文化遗产。婺源将非物质文化遗产与旅游景区、研学游等融合，走出了一条独具特色的非物质文化遗产旅游融合发展之路。

（3）创新激活文旅融合，助力脱贫致富

江西省基于保护创新进行文旅融合。江西省为加快建设文化和旅游强省，在丰富旅游资源的基础上，加强大品牌旅游资源创建，创新激活文旅融合，通过文旅创新融合助力脱贫致富。

三、华南地区文旅融合实践

（一）广东：文城相融、文经相促的文旅融合

1. 遇见岭南最美民宿，诗书升华旅途

在佛山市顺德区杏坛逢简水乡旅游景区漫步，既能遇见岭南最美民宿，也能

用诗书升华旅途表达旅游者的心境。在三层楼的民国老宅梁公馆里，有一家名为民国书舍的“粤书吧”，书吧以民国时期文学作品为特色，举办“民国故事”品牌读书沙龙，为旅游者和居民带来独具民国风情的阅读体验。目前，“粤书吧”试点建成并对外开放，开展了多场文化活动，打造了亲子悦读、国学经典、民国故事三大品牌活动。

“十三五”时期，特别是佛山市文化广电旅游体育局组建以来，佛山市推动文化体制改革和机制创新走实走深，探索文旅融合发展新路径。除了“粤书吧”，佛山市还先后通过“两中心融合”（旅游咨询中心和综合性文化服务中心）试点建设、“旅图·晓读夜宿”文旅融合品牌建设、全市文旅体市场执法“同城一支队伍”等改革举措，不断打开文旅融合发展的新局面。

2. 佛山文旅融合的定位与理念

（1）建设更具品质的文化导向型城市

改革推动发展，创新补齐短板。2016 年 1 月以来，佛山市以改革创新为动力，以建设更具品质的文化导向型城市为目标，以文城相融、文经相促、因文善治、因文立名为路径，加快推进文化与城市、文化与经济融合发展。自 2017 年 4 月“文化佛山”三年行动计划开展以来，全市累计完成投资 478.7 亿元，完成三年计划投资的 104.3%。①

（2）提升文旅服务体系

“十三五”时期，佛山市以保障群众文化权益为出发点，镇、区、市三级持续推进公共文化设施建设，不断织密公共文体设施网络。禅城区文化馆、南海智慧图书馆、高明凌云山旅游度假区、三水北江文化活动中心等地已经建成一批文旅体公共设施项目，为人们提供了家门口、零距离的公共文体活动阵地。目前，全市万人拥有公共文化设施室内面积 1768.89 平方米，人均体育场地面积 2.81 平方米。②

（3）推动非物质文化遗产焕彩弥新

作为陶艺之乡、武术之乡、粤剧之乡、龙舟龙狮文化名城的佛山拥有丰富的非物质文化遗产资源。“十三五”时期，佛山市通过开展非遗代表性项目和传承人评选、设立非遗保护专项资金、成立非遗传承基地和传习所、建立非遗专家库、改造升级非遗项目展示馆、举办非遗保护工作培训班、为省级以上非遗传承人建档等工作，推动非遗保护利用上新台阶。目前，全市共有国家级非遗项目 14 项、

① 谭志红．“梅州现象”的热与冷[N]．中国文化报，2021-02-08．

② 文旅中国．广东佛山：文旅赋能让全面小康成色更足[EB/OL]．(2021-01-07) [2023-07-15].https://baijiahao.baidu.com/s?id=1688197720290589778&wfr=spider&for=pc.

省级非遗项目 50 项、市级非遗项目 131 项，国家级传承人 15 人、省级传承人 58 人、市级传承人 226 人。①

3. 案例

（1）体验佛山非遗技艺，感受佛山传统文化

佛山市先后举办、承接了“佛山韵律·秋醉岭南”广东（佛山）非遗周暨佛山秋色巡游、“5·18 国际博物馆日”广东主会场、文化和自然遗产日暨“广东非遗购物节”佛山分会场活动等活动，为做好文化遗产的保护利用工作，发动市民营造全员参与的氛围。尤其是在南海区大沥镇开幕的“物以载道——中国非遗数字展”，以“科技＋非遗”打造沉浸式实景展厅，再现了中华优秀传统文化的独特魅力。佛山建设了文化游径，其中，佛山功夫历史文化游径、佛山桑园围历史文化游径、佛山粤中抗战历史文化游径被列入广东省历史文化游径，南风古灶游径、佛山老城武术文化游径也被纳入首批粤港澳大湾区文化遗产游径。此外，还举办了佛山非遗文化体验交流活动，邀请来自德国、西班牙、日本等五个国家领事馆官员及家属到佛山，现场体验佛山非遗技艺，感受佛山传统文化。

（2）在双区驱动效应和新发展理念的推动下进行“展翅行动”

2020 年 12 月 18 日，“展翅——佛山市初创文创企业扶持行动”（以下简称“展翅行动”）启动。该活动旨在助力初创型文创企业做大做强。经过三年的努力，“展翅行动”已经成为集投融资、沟通交流、宣传展示等功能于一体的平台，为文化产业高质量发展注入源源不断的动力。

佛山市文化和旅游产业最显著的特征就是融合发展、集聚发展。近年来，在深圳先行示范区和粤港澳大湾区双区驱动效应和新发展理念的推动下，佛山市文化和旅游产业的示范性、带动性、竞争力明显增强，形成了以石湾中国陶谷为中心的陶瓷创意产业集聚区、以平州玉器街为中心的玉器产业集聚区、以张槎新媒体产业园为中心的数字文化产业集聚区等九大文旅产业集聚区。目前，佛山市共培育了 15 个特色小镇、23 个市级文化产业示范基地、6 个省级文化产业示范园区和 4 个国家级文化产业示范基地。同时，粤港澳大湾区电竞文创产业中心、顺德华侨城欢乐海岸 PLUS 项目、三龙湾澳门城文化创意产业园、佛山岭南文旅小镇、宋城·佛山千古情景区等重点文旅项目陆续建成。②

---

① 文旅中国．广东佛山：文旅赋能让全面小康成色更足[EB/OL].（2021-01-07）[2023-07-21].https://baijiahao.baidu.com/s?id=1688197720290589778&wfr=spider&for=pc.

② 同上．

（3）龙头项目引领，活化非遗显特色

广东按照以旅彰文、以文塑旅的工作思路，探索非遗与旅游融合发展，充分践行非遗资源活化，取得不少可喜成果。截至2020年6月，全省共有省级代表性项目701项，国家级非物质文化遗产代表性项目名录147项，联合国教科文组织公布的人类《非物质文化遗产名录》项目4项（粤剧、古琴艺术、中国剪纸、中国皮影戏）；省级非物质文化遗产代表性传承人837人，国家级非物质文化遗产代表性传承人132人；省级文化生态保护实验区9个，国家级文化生态保护实验区1个；省级非遗生产性保护示范基地45个，国家级4个；省级非遗传承基地143个，研究基地24个。广东省文旅融合有华侨城、长隆等大项目，但小项目不多；广东省借助岭南特有文化元素，开展一系列如民宿、书吧和文化展演等特色项目，在文化改革创新的同时，不断提升文旅服务体系，以此推动文化遗产幻彩弥新。①

（二）广西：民族、边关、长寿等文化资源的文旅融合

1. 桂林靖江王府还原历史、文商并重、福泽居民

靖江王府是全国重点文物保护单位，位于桂林市中心地带（现又称桂林王城），墙高门深、气势森然，建于明洪武五年（1372年），并于洪武二十六年（1393年）筑城墙。靖江王府至今已有六百多年的历史，比北京故宫建成的时间还早，是我国现今历史最长且保存最完好的明代藩王府。

2. 桂林靖江王府文旅融合的定位与理念

（1）活化福寿文化

福寿文化已经有千年历史，祈福一直以来是我国的传统文化之 。它承载着人们的美好向往，不同民族在每一个重要节日中都有贴福、送福、接福等很多与福寿相关的习俗。桂林靖江王府内的独秀峰上，镌刻着不同年代关于福寿主题的摩崖石刻，许多老百姓慕名前来祈福，所以独秀峰自古以来便有福寿山的美誉。其中，尤以刘伯温“风水福”、吕洞宾“长寿福”、明靖江王朱佐敬“万全福”、乾隆皇帝“天子福”、清代书法家郭司经“醉有福”深得当地百姓推崇。

（2）结合科技，让旅游者感知王城的历史和文化

靖江王府博物馆将图文展示、实物陈列、雕塑绘画、场景复原和现代多媒体技术等多种表现方式结合，把旅游者的感受放在首位，增强陈列的感染力和趣味

① 文旅中国．广东佛山：文旅赋能让全面小康成色更足[EB/OL].（2021-01-07）[2023-07-21].https://baijiahao.baidu.com/s?id=1688197720290589778&wfr=spider&for=pc.

性，将平淡的叙述和知识传递变成立体有趣的艺术呈现，在空间与时间的交错中感知靖江王府的历史和文化气息。

（3）让旅游者体验“制拓之苦”，感受“得拓之乐”

非物质文化遗产体验馆——王府拓坊再现了庄简王朱佐敬时期的制拓环境，让旅游者置身于“制拓之难”的现场氛围，通过制拓过程，旅游者可以体验“制拓之苦”，了解王府秘拓绝无仅有的文化价值和自制拓印的收藏意义，感受“得拓之乐”，弘扬和传播中华传统文化的精髓。

3. 案例

广西的地方民族文化文旅融合遍地开花，三江侗族歌舞表演等让旅游者也参与到文旅融合中。靖江王府是保护传承型文旅融合典型代表。它是全国重点文物保护单位，是我国现今历史最长且保存最好的明代藩王府。桂林市借助文旅融合推陈出新，结合科技多维度展示，让历史文化焕发出新的光彩。

（三）海南：创新全要素资源的文旅融合

1. 多种形态的文化各具特色

海南省文化资源丰富且独特，历史文化、海洋文化、岛屿文化、民族民俗文化、红色文化、侨乡文化，以及生态文化、健康养身文化、现代时尚文化等多种形态的文化各具特色。“十三五”以来，海南省委、省政府一直坚持文化产业发展战略，建设自由贸易试验区，在逐步探索、稳步推进中国特色自由贸易港的大环境之下，推动文化与旅游融合发展，使海南文创产品呈现出强势的发展劲头和不容小觑的发展潜力。

2020 年 11 月 14—20 日，由海南省旅游和文化广电体育厅、琼海市人民政府主办，博鳌文创院、清华大学文化创意发展研究院、SMART 度假产业智慧平台联合主办的 2020 博鳌文创周在博鳌亚洲论坛国际会议中心成功举办。论坛聚集了多位跨领域专家学者和精英领袖、百余个垂直领域顶尖品牌、数十个文化创意行业、数十个垂直行业分论坛。

2. 海南省文旅融合的定位与理念

（1）外与国际接轨，内重文化生态保护

海南省作为自由贸易试验区和中国特色自由贸易港，围绕国际旅游消费中心进行建设。海南省除了与国际接轨，还把文旅融合发展与调整产业结构、转变发展方式结合起来，与脱贫攻坚、乡村振兴结合起来，与生态保护、绿色发展结合起来，做好文旅融合高质量发展这篇大文章。海南走出了一条以乡村旅游为抓手，促使景点旅游模式向全域旅游模式更迭，以乡村旅游助推全域旅游，把乡村旅游与农民增收、乡村振兴相结合的独特路径。

（2）发力“文化 +”，亮丽国际旅游岛

文化是旅游的灵魂，旅游是文化的载体。海南作为旅游大省，面对市场发展的新形势，更要多措并举推动旅游和其他领域的融合发展。海南省旅游和文化广电体育厅未来将着力文化和旅游产业转型升级，培育文化和旅游消费新业态新热点；不断推动文化开放，打造海上丝绸之路的文化交流平台。海南省旅游和文化广电体育厅还将引进国际优质资本和智力资源，系统提升旅游设施和旅游要素的国际化、标准化、信息化水平；通过发力“文化 +”，拓展旅游消费发展空间，提升旅游消费服务质量，促进旅游消费国际化，为海南自贸区、自贸港建设提供坚实的文化支撑，为中外旅游者和海南人民提供更多优质服务，使海南国际旅游岛这张名片更亮丽更出彩。

（3）将橡胶军垦、知青、归侨等文化与产业结合

海南橡胶拥有厚重的军垦文化、知青文化、归侨文化等历史文化资源，拥有温泉、冷泉、百年胶园等人文自然旅游资源。海南除了沙滩运动、水上运动、赛马运动发展规划等旅游、文体规划编制工作，还在积极推动招商项目落地，其中包括国家南海文博产业园项目、国家体育训练南方基地建设等。

3. 案例

（1）依托自然资源，借用科技与节庆演绎文化

海口火山群世界地质公园也依托火山资源，深挖千年火山石文化，打造地质科普馆、创建火山农耕文化节等，让景区更加精细化，成为青少年宜学宜游的好去处；呀诺达景区将热带雨林文化与本土文化有机融合，让旅游者在体验海南生态美景、雨林奇观的同时，感受海南热情、友善和独特的人文魅力；槟榔谷原生态黎苗文化旅游区始终致力于海南黎苗族文化遗产的发掘保护与民族文化的弘扬，《槟榔·古韵》大型实景演出展示了海南少数民族的生活方式，景区内还展示了多项国家级非物质文化遗产，是海南民族文化的“活化石”，槟榔谷已成为备受国内外旅游者喜爱的民族民俗景区。

（2）用充满创意的方式向世界讲述海南故事

海南省也通过举办会展增强文化旅游品牌影响力，如创新举办海南国际旅游岛欢乐节、打造“三月三”竹竿舞大赛、海南国际旅游岛青年狂欢节等特色民俗文化节庆和会展。2018 年 12 月，海南省三亚市成功举办了首届海南岛国际电影节。电影节为期七天，共举办了电影节开闭幕式暨年度华语电影荣誉推选活动、

国际影展、六大主题国际电影论坛、两大创新推介会及电影博物馆、明星扶贫公益活动等八个主体板块活动，吸引了来自全球多个国家和地区的数千名嘉宾及数万名活动参与者。

“旅游＋文化”的无缝衔接不但丰富了海南旅游新业态，也大大提升了海南文化旅游魅力。海南旅游在追求国际化的同时，也在不断彰显文化自信，以各种充满创意的方式向世界讲述着海南故事。

（3）多彩文化拉动国际旅游消费

海南省充分利用本省特色历史文化、海洋文化、岛屿文化、民族民俗等文化，以国际化为目标发展“大旅游”，为国内旅游者提供更多的国际化产品与服务；以全面实施旅游产业项目下的自由贸易政策推进“大开放”，形成国际旅游消费中心。

（四）港澳地区：休闲购物与娱乐齐飞的文旅融合

1. 横贯中西、博采百家的文化和艺术

香港文化魅力体现在历史与现代交融的建筑上。世界上很少有地方像香港一样，在一个如此紧凑的空间，呈现如此多元的建筑物。在香港的街道上，不少商铺招牌竟是出自名家手笔——在荷里活道可以看到于右任写的“泉章居”、齐白石写的“同仁堂”。

2. 香港文旅融合的定位与理念

（1）将不同文化元素融合

香港将不同文化元素融合，如在电影设计上，香港就可以作为全国乃至世界的互动桥梁。来自世界各地的人才在这里碰撞火花、迸发灵感、锐意创作，创造出超越语言、超越国界、超越种族文化而直击心灵的文化作品。所以，香港在影视、动漫、流行歌曲、设计等领域风靡亚洲乃至全球。

（2）让文化融入生活、走近市民

2008 年，香港赛马会牵头将石硖尾工厂大厦改造为赛马会创意艺术中心，现在成为众多艺术家和艺术团体的创作基地，他们在此举办各种特色的主题展览、文艺演出、创意市集等。香港还有很多与北京 798 艺术区类似的文创基地，培育了大量的创意人才，同时也为市民创造了近距离接触艺术文化的环境，有力推动了香港社会的文化创意产业发展。

3. 澳门文旅融合的定位与理念

（1）将商业与文化结合

澳门是 16 世纪海上丝绸之路的重要据点，是远东最早开放的地区，是远东最早的传教中心，是东西文化双向交流最早的基地。澳门既是商业古城，又是文化古城，文化具有以中为主、中葡结合的特点。澳门设有专门保护文物的机构。1986年，联合国将澳门列入文物城。如今澳门的文化机构、团体和文化设施，除了一些专业性的表演团体，其他方面可以说是应有尽有，只是规模较小而已。

（2）打造世界旅游休闲中心

2019年4月26日，第七届澳门国际旅游（产业）博览会在澳门开幕。这届博览会重点推动共建"一带一路"倡议和粤港澳大湾区旅游等多个领域的合作。此外，这届旅博会还恰逢澳门回归祖国20周年，推出了"共庆回归二十载缤纷多彩澳门游"特展，全方位、多角度地展示了澳门在"一国两制"的成功实践下，持续丰富旅游资源和产品，全力建设世界旅游休闲中心。

4．案例

（1）建设标志性的创意中心

香港在文化创新举措上体现其文化魅力。香港特区政府采取扶持资助项目、活化旧建筑老街区等方法促进文创产业发展。比如，在西九文化区中环的元创方已经被打造为全港标志性的创意中心，开设了各种不同类型的时装饰物、家居用品、珠宝手表等设计师工作室和商铺。

（2）同心共建大湾区

2017年12月，粤港澳大湾区旅游业界合作峰会在香港会议展览中心举行。多位原国家旅游局、粤港澳大湾区政府机构和旅游部门代表，以及旅游业界人士齐聚香江，共同探讨粤港澳大湾区的发展潜力、旅游资源和机遇，与会旅游协会代表共同签署了《粤港澳大湾区旅游业界合作协议书》。2017年，粤港澳大湾区论坛在香港召开，这是首个以粤港澳大湾区发展为主题的高峰论坛。来自海内外政商学界的400多位来宾齐聚香港，共同探讨如何共建粤港澳大湾区、打造世界级科技湾区。2019年2月26日，由香港明汇智库、广东省社会科学院、粤港澳大湾区研究院主办的粤港澳大湾区智库高端论坛在香港举行。来自粤港澳智库及社会各界人士出席了论坛，围绕"同心共建大湾区"的主题，共同探讨了如何解读和落实《粤港澳大湾区发展规划纲要》的问题。

5．大湾区文旅融合的定位与理念

（1）以研学旅行为文旅融合新风口

大湾区已经涌现一批研学基地，研学旅行市场正在兴起。现已有数百个各级研学旅行基地、数百家企业展开与此相关的业务。一方面，已有青少年研学交流、主题演讲、企业家沙龙、创意设计、文创研修班、产学交流等形式，有粤港澳三地政府、企业及社会多元参与；另一方面，注重实效，强化产学对接，通过与高校的合作进一步链接企业端、市场端资源，强化人才培养、供需对校的合作，进一步链接企业端、市场端资源，强化人才培养、供需对接、产品孵化，依托学堂培训平台资源，并在产业园区、重点文化企业和高校等地分别设点建设实践基地、文创孵化基地。

（2）文创园及行业协会蓬勃兴起

大湾区文创园如雨后春笋般爆发，仅广州市就有各类文创园区近百家，以羊城创意产业园、深圳万科云设计公社为代表，逐步构建起文创产业集聚区和文创产业带。另外，由羊城晚报报业集团创始和发起成立的广东省粤港澳大湾区文化创意产业促进会也为文创产业发展提供长足的动力。

（3）夜游成为文旅融合新的增长点

夜间旅游是一种新的文旅产业发展模式，既让传统旅游资源焕发新活力，也创造出新的旅游吸引点和文化旅游产品；既可以提升城市、景区旅游资源和非传统旅游资源的利用率及使用价值，也能够提升旅游者的时间利用率。精彩纷呈的夜间旅游能为城市带来经济、社会、人文等多重价值，从而为旅游者提供焕然一新的体验，进而延长旅游者停留时间，拉动夜间旅游消费。

（4）影视与音乐艺术产业发展迅速

第一，影视产业成为新热点。例如，佛山出台《佛山市南方影视中心影视产业发展规划（2018—2025 年）》，提出要对接港澳，打造华南地区最大规模的影视中心，推动粤港澳大湾区影视产业合作示范区发展。惠州在罗浮山建设影视基地的基础上，加快推进粤港澳大湾区影视产业中心的建设。

第二，形成多层次的音乐节。例如，举办了首届粤港澳大湾区音乐节、珠海北山音乐节等，各地各层次的音乐演出场次逐渐增加，丰富了各个年龄段、文化层次的观众的需求，培养了一批有欣赏能力的观众。以酷狗音乐、荔枝 FM 等为代表的互联网数字音乐平台呈现超高速成长的态势，这也意味着未来音乐消费市场会有巨大的发展空间。

（5）粤港澳文化共同市场迅速成型

大湾区具有最为广阔的市场，正形成较为完整的供应链。一方面，以香港、深圳、广州、澳门作为大湾区的发展“极点”，构成了大湾区文化和旅游发展的“四梁八柱”，明确了香港 – 深圳、广州 – 佛山、澳门 – 珠海强强联合的引领带动作用的基点；另一方面，珠海、东莞、惠州等大湾区重要节点城市发展共同文化市场，与“极点”城市形成产业链上下游发展的新态势。粤港澳大湾区的几座城市，每年大型演唱会、电影、出版、音乐等行业的市场规模已达千亿元级。大湾区文化产业有较好的基础。

四、西北地区文旅融合实践

（一）陕西：文化遗产活化的文旅融合

1. 全国领先的博物馆旅游和演艺

西安近些年在文旅融合方面取得了一系列成绩。西安的大唐不夜城、城墙、永兴坊文化旅游景区在全国具有非常高的知名度和影响力，在互联网上也一直热度不减；博物馆旅游在全国处于领先地位；旅游演艺方面，陕旅集团的《长恨歌》《12・12》和华夏文旅的《驼铃传奇》在全国都有很好的口碑。

2. 陕西文旅融合的定位与理念

（1）科技与文化旅游结合，“整优提弱”

在实景演出、剧场演出两大模式的基础之上，强调整合优势资源和提升薄弱资源，实现科技与文化、科技与旅游的融合。

（2）发展文旅小镇

以袁家村为代表的民俗文化与旅游融合项目，通过融合民间小吃、手艺等与休闲的生活习惯和现代的文化创新，打造了一个年度游客超过百万、收益过亿的文化旅游小镇。将文化融入旅游发展之中，根据小镇的资源及产业特色或发展规划确定主导产业，将其与文旅产业融合，扩大小镇的影响力，形成了保障小镇发展的长效运营机制。

（3）节庆模式

以凤县为案例，在节庆活动中融入文化元素，注入新的生命力。凤县借助节庆的传播效应，吸引高影响力的大型活动入驻，以推动旅游节庆品牌的发展，提升旅游业的整体形象、影响力和知名度。

（4）夜游模式

以大唐不夜城为例，大唐不夜城通过将文化与旅游有机结合，融汇商业、休闲、娱乐、体验等多种元素，推出了一个集多功能于一体的文化旅游步行街，既满足了市民游客的各种文化和消费需求，也促进了文化旅游和商业的互动融合发展。

3. 案例

（1）项目引领产业聚集

西安市拨付了资金重点扶持文化旅游企业发展，规划了推动文化旅游产业快速发展工作方案，其中涵盖了多项政策支持，尤其强调了项目推动和促进产业聚集的关键性。西安通过建设文化旅游项目，以促进文化创意产业的繁荣发展，落实重心文化旅游项目，激发创新，提升消费水平。此外，西安还有创建文化产业示范园区的计划，旨在吸引文化企业聚集并促进其规模化发展。

（2）打造城市文旅品牌

西安市推出了新的城市文旅品牌——“千年古都·常来长安”，内容分别围绕乐长安、享长安和共长安展开。除此之外，还有精心策划的名为“千年古都·常来长安”文旅游记以及相关宣传影片、主题曲、主题列车、主题客舱和城市旅游电子通票。西安市还发布了相关计划，旨在推进现代文化创意产业的发展，主要聚焦创意设计、传媒影视、动漫游戏和电子竞技等领域，以实现提高产业附加值、增强创造性和实现长期发展的目标。

（3）文化产业升级

为了促进西安文旅产业的快速发展、推动文旅企业进行商业模式的重塑和产业的升级，业态创新被西安视为首要的驱动力，并实施了多项举措。

（4）文化遗产活化

陕西省积极探索文化活化路径，以实现文旅融合。陕西省在挖掘和利用资源方面下了很大的功夫，努力将传统文化与现代旅游资源进行有机结合，在旅游中突显传统文化的现代形态和打造现代化的旅游资源。陕西省通过将文化进行物化、活化和业态化，产生了八种文化旅游业态，包括旅游演艺、创意文化开发、文化旅游综合体、文化旅游小镇、节庆活动、夜间旅游、会展与旅游结合以及主题公园等，这些都可以成为日后文旅品牌产品的一部分。

（二）甘肃：文化遗产资源数据云平台的文旅融合

1. 古丝绸之路，今全域丝路游

（1）提升文旅形象

近年来，大众对甘肃旅游认可度逐渐提高。甘肃的旅游业呈现出新的增长势头，甘肃省也把“交响丝路·如意甘肃”作为其文旅形象，这进一步深化了公众对甘肃旅游的了解和认知。

（2）丝路之旅成为文旅产业新动力

文旅融合成为甘肃省的“新名片”。在过去的几年里，甘肃省的旅游接待人数和旅游综合收入已连续多年保持增长，文旅产业已经成为甘肃省十大生态产业中最为重要的产业之一，为甘肃省经济转型提供了有力的推动力。丝路之旅备受国内外旅游者青睐，正逐步成为甘肃文旅产业的主要增长动力。甘肃省整合了麦积山、七彩丹霞及敦煌莫高窟等古丝路沿线景点，力求将自身打造成“丝路游”全域景区。

2. 甘肃省文旅融合的定位与理念

甘肃省重点实施六大文化工程，重塑丝路辉煌。这六个项目都有深厚的文化内涵，它们分别是敦煌、长城、黄河、始祖、红色以及民族民俗方面的文化工程。敦煌文化工程旨在将甘肃省发展成为全国文物保护领域探索和创新的重心，还计划在河西走廊设立国家遗产旅游线路；为了确保长城文化遗产得到完美的保护，长城文化工程实施了应急保护措施，并建设了全新的长城文化遗产保护平台，实施长城国家文化公园的建设计划；为了进一步推动黄河文化的创新发展和保护，国家黄河文化保护创新（兰州）中心拟打造一个区域，旨在集聚相关产业，展示和传承黄河文化的多元魅力和内涵；始祖文化工程预计将创立“全球华人祭祖寻根圣地”文化旅游品牌，主要方式是构建始祖文化协同发展中心；红色文化工程强调加强革命文物保护，同时建设长征国家文化公园；民族民俗文化工程将开展民族民俗文化振兴行动，加强非物质文化遗产保护传承等。

3. 案例

（1）打好丝绸之路文化旅游牌

甘肃省充分发掘兰州的古丝绸之路文化旅游资源，整合历史文化遗存和文化记忆，向各国人民展示丝绸之路多元文明的基因，促进跨国交流与对话，加强文化融合，实现“人心相通”的目标。

（2）打好黄河文化旅游牌

为促进黄河文化旅游业的发展，甘肃省成立了国家黄河文化保护创新中心（兰州），把兰州作为展示黄河文化和文化旅游产业发展的重要区域。因此，文化旅游业将得到全新的发展机遇。

（3）打好前工业文明旅游牌

甘肃省将前工业文明的遗产融入其中，以便保存城市历史文化记忆。在工业遗址上开发工业文化旅游，包括建设工业遗产博物馆和怀旧车站等景点，让旅游者探寻工业文明的历史和魅力。

（4）打好“一带一路”民族民俗旅游牌

甘肃省注重保护和传承非物质文化遗产，同时积极推进旅游项目的开发，尤其是具有民族风情和民俗特色的项目，如展示和销售民族手工艺品、举办各类文化会展等。此外，还建设丝绸之路非物质文化遗产博览中心，并以此为基础，促进本土民族文化旅游品牌的快速发展。

（5）打好移民文化旅游牌

甘肃省重点建立移民文化旅游品牌形象，探索兰州的会馆文化、商会文化等移民文化，并弘扬这些文化，以促进旅游者和当地居民在情感上产生共鸣，进而通过品牌形象的宣传推广，让更多人认识和热爱兰州的移民文化。

（三）青海：生态底色、绿色优先的文旅融合

1. 发挥生态自然优势

（1）世界上独有的生态、文化和旅游资源

青海坐拥世界上独有的生态、文化和旅游资源，多民族聚居，多宗教并存，多元文化荟萃，被誉为“中华水塔”和“三江之源”，有千山堆绣、百川织锦的山宗水源。得天独厚的地理和气候环境赋予了这片土地宏伟和壮观的美感，而丰富多样的高原生态环境则为其注入了旺盛的生命力，古老的历史和文化底蕴共同塑造了这片土地多姿多彩的美景。

三江源头绿意盎然，青海湖畔鸟欢鱼跃，祁连山上林海莽莽，湟水河畔清水荡漾，青海有着远古文明的昆仑神话、黄河发端的河湟文化、世界非物质文化遗产热贡艺术，各民族休戚与共，多元文化交相辉映，构成了独具魅力的大美之地。青海集地理极地、生态高地、安全要地、文化名地、旅游净地于一体，资源禀赋是青海文化旅游发展最宝贵的财富。青海省出台了《青海省进一步激发文化和旅游消费潜力的实施方案》，举办“黄河·河湟文化”惠民消费季活动，启动文化消费试点城市建设、文化惠民卡西宁试点项目，向人们发放惠民卡。

（2）多元统筹，实现文旅融合

青海省建立对口援青以及长江、黄河、澜沧江流域文化旅游合作机制，以文化交流为纽带，传播推介与尊重多元相统筹，实现文旅融合、发展联动、成果共享。

青海具有高原净土的独特优势。青海向世人展现了当之无愧的“净地”形象，及时亮出了“大美青海·旅游净地”名片，以央视宣传为引子，有效把握旅游形象推广最佳启动时机，及时开启全媒体强力宣传青海旅游模式，充分借力央视央广及中央驻青、省垣媒体、户外广告、楼宇等宣传资源，形成矩阵式传播。“大美青海·旅游净地”旅游广告甚至还登上了美国纽约时代广场，青海已经成了大众心中向往的文化旅游目的地之一。

（3）将文旅演艺和文旅集市有效结合

青海省开展了青海文旅人游青海、青海人游青海、博物馆日、中国旅游日、文化和自然遗产日、非遗购物节、“黄河·河湟文化”惠民消费季、中国景区创新发展论坛、全省文旅企业家建言献策座谈会、诚邀全国人民游青海等活动，针对夜间经济的兴起，将文旅演艺和文旅集市有效结合，为广大市民及省内外旅游者提供多元的消费选择。

2. 青海文旅融合的定位与理念

（1）提供高质量的旅游产品与服务

青海省对文旅专项资金的支出模式进行调整，并迅速集中分配2.5亿元的文化旅游专项资金，向省内的金融机构推送193个针对文旅行业的意向贷款企业和项目，融资需求为85亿元，成功促成100多个合作项目，进而为企业提供了近20亿元的融资支持。全省文旅管理部门齐抓共进，先后创排大型剧目20多台，全省各类文艺团体共演出1.8万余场。积极创新经营模式努力提供更多高质量的旅游产品和服务，推动文旅市场繁荣，形成安全、诚信、文明的“大美青海·旅游净地”大市场环境。①

（2）文旅产业聚集发展

青海省大力推进西宁多元文化产业发展，推动海东河湟文化、海西昆仑文化、黄南热贡文化产业等集聚区以及海南海北环青海湖生态文化旅游先行区、玉树果洛三江源生态文化体验区建设；深度融合文化与旅游，使企业及其展品在总占比中获得更高的比例，手工制品、当地特色商品和旅游景点是青海文旅融合发展的典型代表。例如，龙羊峡生态旅游度假景区被誉为“中国的科罗拉多”，该旅游景点首次全面推广其游览路线和活动，同时现场供应门票销售，增加了龙羊峡景区的旅游者数量，同时展现了青海文旅融合发展的新特色和新趋势。

（3）强化设施，挖掘文体项目活化遗产

青海省积极推动公共文化设施的旅游开放，拓展全民阅读活动，支持现有文化馆、图书馆、博物馆、纪念馆、文化广场等公共文化设施面向旅游者开放；开展文化旅游创意产品展示销售、旅游景区和旅游线路推介、文化演出等活动，促进公共文化服务与旅游开发协调发展；成功举办“民族团结进步”青绣大赛、青海传统工艺（青绣）与乡村振兴论坛，新增多名省级非遗传承人，将非遗传承发展工程方案作为典型在全国推广。

① 闻皓.2020全国文化产业和旅游产业融合发展高峰论坛在西宁举行[EB/OL].(2020-09-08)[2023-07-23].https://baijiahao.baidu.com/s?id=1677279572144499190&wfr=spider&for=pc.

(4) 创建全域生态文化旅游区

青海省积极推动具有青海特点的全域旅游示范区创建，致力于串联和建设国家级的生态旅游路线和风景道，共同努力将其打造成国家级的青藏高原生态旅游目的地；积极推进“互联网＋旅游”的新业态发展，致力于创建一系列的智慧景区和智慧旅游小镇，并打造以热贡文化、河湟文化、三江源生态文化、昆仑文化等为代表的文化产业示范区。

3. 案例

(1) 活化文化遗产

青海省加强文化遗产保护传承，实施文物展示利用惠民工程；发挥文物服务社会功能，加快省级以上文物保护单位合理利用步伐，依托喇家国家考古遗址公园、西海郡故城遗址、第一个核武器研制基地旧址等文物保护单位中独具特色的文化生态资源，实施文物展示利用工程；积极发展文化观光、休闲体验、红色旅游等多种形式的文化旅游活动，打造青绣、剪纸、农民画、雕塑雕刻、藏饰等传统特色文化品牌。

青海互助纳顿庄园推动了文旅融合提升旅游品牌，促进了旅游经济快速发展。纳顿公司充分利用互助土族自治县独特的土族民俗和地域文化，紧密围绕消费升级的需求，通过实景展示、歌舞表演等多样化的方式，积极推广和展示土族婚礼、土族花儿、纳顿节、土族安昭舞、土族轮子秋、土族服饰、土族盘绣等文化活动。经过多年探索实践，企业从“农家乐”升级为民俗文化旅游综合体。

青海省为积极推进文旅融合发展，通过文旅展览、青绣文化、唐卡外宣、大型文旅活动等开展旅游融合。同时，建立跨区域合作机制，如青海和深圳的青绣情，加强公共文化设施建设，加强文体活动发展，不断推进文旅产业聚集发展。

（四）宁夏：以文塑旅、科创彰文的文旅融合

1. 塑造宁夏文化和旅游整体形象品牌

(1) 一首歌、一部电影述说宁夏故事

宁夏有许多不同种类的演艺节目供旅游者观赏，如水洞沟景区的实景马战史诗剧《北疆天歌》、沙坡头旅游区的魔幻场景体验剧《沙坡头盛典》、瑞信温泉小镇的旅游演艺秀《西夏盛典》以及西夏风情园的实景马战演艺秀《烽火西夏》。这些节目能够使宁夏的印象深刻烙印在旅游者心中。为吸引国内外旅游者来到宁夏欣赏贺兰山美景和品尝美味的葡萄酒，宁夏采用了多种形式的宣传手段，如歌曲、电影、纪录片、故事和微视频等。除此之外，宁夏还积极推进长城博物馆、

中国旅游微缩景观、东西部扶贫协作典范等品牌塑造与发展。

（2）提质升级服务，搭建文旅融合舞台

市场是文旅融合发展的广阔舞台。宁夏将文化企业和A级景区等市场主体的市场敏感度提高，从过去的“我定菜、你选单”转变为“你点单、我配菜”的服务模式，以文化和旅游资源优势为基础，实现市场和经济优势的转化；持续推进“引客入宁”的策略，并安排丰富多彩的旅游宣传活动如举办宁夏（香港）经贸文化旅游活动周、“八闽亲人宁夏行”等活动，向公众展示宁夏的美好历史和现代发展故事，打造“塞上好江南、美丽新宁夏”的品牌形象；通过“冬去海南、夏来宁夏”的宣传口号吸引旅游者前来旅游；另外，还采用多种措施来提升服务质量管理体系，包括明确服务质量标准、完善旅游者反馈调查制度、实行服务质量四级督导、严格贯彻负责制等。

（3）科技助力娱乐项目，开发沙漠星空游

2017年以来，宁夏在沙漠娱乐项目、黄河娱乐项目、高空娱乐项目的基础上，大力开发沙漠星空游。大型文旅演艺《千寻宁夏》就使用现代高科技舞台技术手段，将声乐、舞蹈、杂技、高空特技、多媒体艺术等舞台演出形式合为一体。

2. 宁夏文旅融合的定位与理念

（1）顶层设计“六大行动”，挖掘宁夏历史文化内涵

实施宁夏东部旅游环线、大六盘红色生态度假游板块、贺兰山东麓生态文化旅游廊道、大沙坡头休闲度假游板块、黄河文化旅游带、银川都市圈文化旅游区建设“六大行动”，系统性挖掘全区历史文化特色内涵。推出“宁夏故事我来讲述”征集活动，深度挖掘文化内涵，增强文化和旅游吸引力，用故事赋予宁夏文化和旅游宣传新内涵。

（2）产业要实现“+旅游”和“旅游+”两个重要模式

宁夏为推动文旅融合，在景区设立文创产品展销中心，加强对旅游演艺人员的培训，以及支持非遗项目进景区，从而提高《沙坡头盛典》等文艺剧目的品质，实现促进旅游业发展的目标；利用本地文化特色，为推动贺兰山东麓葡萄产业文化长廊和葡萄酒小镇的建设注入动力，并积极培育独特的酒庄文化；成功创建六个国家级文化产业示范基地和一个试验园区，这是通过将文化、生态、创意、房车、健身和登山等领域相互融合而实现的；评选并命名了多个自治区级文化产业示范园区、示范基地、示范户和特色村镇，这些地区因其杰出表现在文化产业发展中拔得头筹，为全区文化产业的繁荣做出了重要贡献，进而成为引领全区文化产业发展的佼佼者。

（3）提速新兴产业方兴未艾

宁夏推进文化创意产业发展，建立全区动漫企业认定工作机制；举办银川文化艺术创意节、互联网电影节、宁夏博物馆文创产品设计大赛等系列文化创意活动，搭建文化创意协作交流平台，带动文创产业发展；宁夏博物馆联手中国动漫集团举办宁夏动漫节和“艺术宁夏”艺术品博览会，并与中国动漫集团签订战略合作框架协议，建设中国动漫集团众创空间宁夏基地。

（4）培育文化消费形成特色

银川市开展国家首批文化消费试点城市工作，创建政府补贴、企业让利、大众受惠模式；支持宁夏人民剧院实行专业化管理、多元化演出，满足不同层次观众的消费需求。

3. 案例

（1）携手浙江推动 IP 品牌建设

浙江、宁夏两省在文化和旅游领域再度携手、共赢发展，不断提升宁夏旅游在全国特别是长三角地区的知名度和影响力，推动宁夏打造“星星的故乡”等 IP 品牌，让“诗画浙江”和“塞上江南”完美地融合，用最动听的声音、最美丽的星空，讲述“美丽宁夏”。

（2）以文塑旅，科技创意宁夏故事

宁夏基于科技创新进行文旅融合。宁夏近年来不断补齐短板，在原有娱乐项目基础上，大力发展夜游模式，注重服务升级，促进产业主体快速成长，提速新兴产业，加快融合发展。以“冬游宁夏·享受阳光”为主题的宁夏冬季旅游系列活动，强有力地助推了文化旅游与康体、创意、登山、生态融合。活动期间，宁夏非物质文化遗产传承人、文艺院团、文化馆、旅游景区（点）、旅行社、购物店等联合为旅游者提供艺术表演、特色小吃、精品旅游线路等丰富的冬季旅游体验。

（五）新疆：以旅游演艺为重要载体的文旅融合

1. 用舞台的声、光、电技术呈现“新疆是个好地方”

（1）推进旅游演艺转型升级、提质增效

为了推进本土文化旅游演出事业的繁荣、加快精品文化旅游行业的发展和普及，新疆规划了《自治区文化和旅游系统 2019 年文旅融合实施方案》，其中特别强调了旅游演艺在文旅融合中的重要作用。这个举措的目的是提升旅游演艺的水平和品质，以实现更高的效益和质量水准。在乌鲁木齐南山风景区上演的实景音乐剧

《昆仑之约》令人印象深刻，让人为之赞叹。该剧借助声、光、电技术，将舞台设计和自然山水巧妙地融合，呈现出令人惊叹的壮美景观。《丝路秀》《东归·印象》《千回西域》《喀纳斯盛典》《吐鲁番盛典》等旅游演艺品牌吸引了大量中外旅游者的目光，成为向外推销“活力新疆”的重要载体。新疆在初步形成的旅游发展格局的基础上，开发以丝绸之路文化为中心的旅游产品体系，成功塑造了喀什、喀纳斯、葡萄沟、天池、那拉提、赛里木湖等一系列在国内外具有重要影响力的旅游景点。

（2）支持专业艺术团体组织演出，创新发展演艺产业

新疆各地州把旅游发展列入议事日程，召开旅游发展大会，出台配套政策措施，自治区党委、政府出台了多项政策支持旅游发展。另外，为了推动旅游业和文化演艺业的有机结合，新疆积极推动旅游演艺的创新发展。考虑到名胜古迹各自有特色并拥有丰富的文化旅游资源和历史背景，新疆创建了出色的旅游演出场所，以帮助专业艺术团队在景区内展示他们高超的艺术技巧。这些表演节目将为旅游者提供特别的视听享受。除此之外，新疆还热烈欢迎小型团队在景区内展示他们精彩的演出，邀请国内著名专家前来指导，以提高新疆的演艺节目水平和品质，吸引更多的中外旅游者来这里旅游。

2. 新疆文旅融合的定位与理念

（1）基于“文化＋旅游”进行开发

新疆用技术把传统文化与旅游相结合并进行大数据分析，形成了“文化＋旅游”的产业生态链。新疆致力于对秀美风光、民俗风情进行宣传，从而有效扩大了新疆旅游的影响力。目前新疆文化旅游产业与互联网、大数据、人工智能融合发展、协同推进，数字经济成为文化旅游转型升级的重要引擎，数字化、智能化也渗透到文旅产业的服务、管理、体验、营销等各个环节。

（2）发展演艺破解地域气候制约文旅的难题

新疆地广人稀、冬冷夏热，地域旅游产业劣势较为突出，阻碍了当地的经济发展。新疆地区旅游淡季较长，旺季较短，这使得新疆的整体旅游效益大受影响。新疆阿克苏地区大型文旅演艺秀《千年之约·梦幻龟兹》在乌鲁木齐文化中心大剧院再度上演，为来自各地的旅游者和当地市民献上了一场视听盛宴。《千年之约·梦幻龟兹》由浙江援疆资金扶持打造，依托特色文化资源，运用现代舞台技术，融合当地非物质文化遗产元素，展现了新疆各民族交往、交流、交融的历史。

3. 案例

（1）整体规划，“文化拉、旅游推”

新疆以丝绸之路经济带的核心地区为中心，打造了一批集文化、科技和教育为一体的旅游景区。新疆有关部门出台了《自治区文化产业发展专项规划（2016—2020）》，成立了新疆独特文化产业扶持资金项目，以帮助本地文旅企业发展和推进文化产业园区建设，此举同时也促进了一系列文旅产业重点项目的发展。

此外，新疆还开拓了新的旅游业态、探索热门旅游领域的发展。旅游业在整个新疆的迅猛发展给文化产业带来了积极影响。各种文化创意产品受到了旅游者的欢迎。这个趋势不仅促进了一些濒临灭绝的非物质文化遗产的复兴，也催生了一些庞大的产业。

（2）挖掘旅游文化，借助演艺吸引旅游者

新疆采取了多种措施加快演艺与旅游融合发展：加快推进旅游演艺创作，为知名文化旅游景区量身打造高品质的旅游文化演艺品牌，支持专业艺术团体组织小分队进景区演出，全面推动文化演艺和旅游产业全方位融合和创新发展；推动了克拉玛依油田一号井红色旅游项目的实施。我国石油工业的萌芽地可以追溯到克拉玛依，这里的石油工业体系完整，拥有丰富的石油工业历史和文化，这使得新疆发展红色旅游具备了得天独厚的条件。另外，克拉玛依油田一号井景区的文化内涵也体现了克拉玛依石油精神的传承。自“十三五”时期以来，克拉玛依市积极抓住红色旅游发展的机遇，并整合当地丰富的红色旅游资源，推出了多条备受欢迎的旅游路线，其中包括石油工业主题和研学体验等。这一举措吸引了来自全国各地的旅游者前来参观。

五、中南地区文旅融合实践

（一）湖南：流动舞台实景秀的文旅融合

1. 流动舞台实景秀展示湖湘文化

（1）“红＋绿＋民俗演艺”文化旅游发展态势良好

湖南省得天独厚的地理位置使其拥有壮丽美妙的自然风光和悠久的历史文化，是备受世人景仰的重要革命圣地，同时具有丰富多样的民族特色风情。此外，湖南省还不断提升其综合交通运输基础设施建设水平，如铁路、公路和航空等，这为文化和旅游业深度融合发展打下了非常好的基础。在政府充分支持和社区积极响应的背景下，湖南省的文化和旅游产业迅速成长壮大。湖南作为备受瞩目的旅游胜地，吸引了比其他地区更多的旅游者，相比其他地区，湖南的旅游者净流量更高。湖南现有多个上市文化旅游企业、文化旅游产业项目，既推动了湖南省文旅融合发展，也推动了湖南省旅游产业持续快速健康发展。

湖南积极探索文化和旅游融合的新路子。自改革开放以来，湖南省一直致力于推广文化旅游，经过不懈努力，成功挖掘了很多备受国内外关注的旅游宝藏。例如，韶山致力于将红色文化旅游与其他旅游形式相结合，促进全国红色旅游事业的进一步发展，并打造备受关注的红色旅游胜地，同时，韶山还致力于打造全国红色旅游国际合作创建区，为红色旅游的发展开拓更广阔的国际市场；凤凰古城在积极推广文化旅游方面取得了显著成效，因此被誉为为“中国最美丽的小城之一”，国家义务教育语文课本还将《小城凤凰》纳入其中；长沙琴岛演艺中心运用多种表演形式展现湖湘文化的丰富多彩，受到观众的青睐和欢迎，全国娱乐旅游业界普遍将其称为“琴岛现象”；湖南省演艺集团与常德市经山水投资有限公司合作制作的《梦回穿紫河》是一场极其精彩的实景秀，该秀运用了创新的灯光和音乐表现手法，充分展现了湖南独特的文化底蕴，这场表演是湖南文化旅游流动舞台实景秀的开创性演出。

（2）文化旅游发展的主要问题

一是文化旅游资源保护力度需要加强。文化资源，尤其是优质文化资源，是文化旅游发展的基础。湖南省拥有诸多文化资源，如饮食文化、民俗文化、织造文化等，但是这些文化目前需要更好地进行保护和开发。

二是文化与旅游协同发展不够。从目前湖南省地方文旅融合开发的情况来看，文化与旅游的整体规划有待加强。比如，有些地方过度重视文化遗产的保护，对当地居民进行很多的限制，造成当地居民的生活不便，结果可能会适得其反。另外，有些经营者只关注文化旅游短期的经济效益，对文化遗产造成了破坏。部分景区的人文形象、内容表达也大同小异，没有特色，缺乏影响力和竞争力。

三是文化旅游品牌建设有待加强。文化旅游的重要特征就在于以文化品牌带动旅游产业。因此，文化旅游品牌建设是文旅融合能够持续发展的重要动力。当前，湖南省的部分旅游品牌存在严重空壳化的现象。部分旅游企业忽视服务质量建设与文化内涵建设，忽视文化旅游品牌的市场价值，有些企业甚至把自身利益与旅游者利益对立起来，将旅游行业当作了一次性服务行业。

2. 湖南文旅融合的定位与理念

（1）文化丰富多彩，旅游资源优势明显

湖南拥有丰富的传统文化资源、红色文化资源和数量众多的历史文化名人。

湖南被列入《中国历代名人辞典》的人数有近百人；岳阳、长沙、凤凰等地都是国家级历史文化名城，其宗教文化、民俗文化、生态文化等方面的资源较为丰富；土家族、侗族、苗族、白族等的少数民族文化，构成了奇特华美的湖南民俗文化空间；张家界武陵源风景区、邵阳新宁莨山（中国丹霞）都属于世界自然遗产，东江湖国家生态旅游示范区、大围山国家生态旅游示范区等地区都经过了国家认定，张家界国家森林公园等景点属于省级认定的生态旅游示范区。

（2）文化旅游发展态势强劲

湖南文化旅游产业规模逐年壮大，整个旅游业在湖南产业体系中日益壮大，成了湖南新的经济增长点。湖南的知名文化旅游项目众多，如凤凰古城、武陵源风景名胜区、岳麓山、岳阳楼、韶山等国际旅游精品景区。其中，老司城、张家界已列入《世界遗产名录》。

（3）文化旅游政策效果明显

根据国务院《关于加快旅游业发展的意见》等国家层面的政策和措施，湖南省文化和旅游厅等相关部门依据湖南省政府部署并结合湖南实际出台了一系列地方规划，以促进湖南省文化旅游的发展，为湖南的文旅融合发展提供了坚实的政策支持，收效十分明显。

（4）文化旅游立法初步完善

湖南省制定了《湖南省旅游条例》《长沙市历史文化名城保护条例》，以及一些地方政府制定的地方性法规等，说明文化旅游立法工作受到了全省各级人大和政府的重视。

3. 案例

（1）永州市文旅融合的案例

一是勾蓝瑶寨的洗泥节。传统的洗泥节，指的是永州市江永县兰溪瑶族乡勾蓝瑶村农历五月十三这一天的风俗节日。洗泥节当天，瑶寨会迎来数万名摄影爱好者和旅游者，他们来自全国各地，与当地瑶族人一同庆祝节日。这些旅游者可以在瑶寨表演厅享用当地特色美食，包括洗泥宴、瑶家油茶和苦瓜酿，还能观赏具有原始风情的民俗表演，并加入蒲鲤井的“洗泥摸鱼”活动。

二是零陵古城。零陵古城的文艺演出吸引了众多旅游者前来观赏。除了零陵古城文艺演出，民俗巡游活动、市井民俗杂耍、非遗民俗街头体验活动、戏台表演和赶闹子广场瑶族火神祭祀、国学课堂等也让古城人气爆棚。

（2）长沙市文旅融合的案例

一是强化公共基础服务设施。长沙市为了满足人们的需求和公共服务设施要求，修建了综合文化服务中心，另外还对旅游景区内的厕所进行了改建。除此之外，长沙市还推广了三条优质路线，为广大旅游者提供了去株洲、湘潭旅游的多种选择。这些路线内容涵盖了休闲、研学以及红色旅游三个方面内容。

二是建设以文化旅游为主导的文旅小镇。长沙方特东方神画、长沙天心文化产业园和华谊兄弟电影小镇是长沙跨产业合作的典范。长沙滨江文化园是湖南省最重要的文化地标之一，它是现代公共文化场所的楷模，经过精心打造，已成为一处高品质的文化旅游景区。自 2015 年 12 月开始对大众开放至 2019 年 7 月 31 日，已有超过千万旅游者到访这座园区，使其成为长沙市备受瞩目的地标和极具文化价值的宝库，它以文旅融合带动了长沙市旅游的发展。湖南雨花非遗馆首创了中国“非遗 +”的活态传承发展模式，汇集了中国书法、剪纸、皮影戏、湘绣、蓝染技艺等数个非遗项目，将非遗及其衍生品与现代生活、市场接轨，打造了非遗主题创意馆，在馆内设置参观展示区、体验学习区、节目表演区等，让旅游者进行体验式旅游，以非遗项目的聚集优势带动文旅市场，延伸文旅产业链，使其成为市民、旅游者的“诗和远方”。汉艺术小镇（果园镇）位于长沙县，是著名戏剧家、国歌《义勇军进行曲》词作者田汉先生的故乡。近年来，果园镇始终把田汉文化作为特色小镇建设的核心与灵魂，建设了田汉文化园，举办了田汉文化系列活动，成立了特色文旅小镇创建工作领导小组和文旅产业联盟等。该镇始终围绕“田汉”IP 来布局建设。《田汉眼中的中国》是长沙县和田汉文化园将“不忘初心，牢记使命”主题教育和红色旅游资源深度融合、探索全新文旅运营模式发展的标志。

（3）张家界市文旅融合的案例

张家界是我国最重要的旅游城市之一。该市是湖南、湖北、重庆、贵州等地的革命根据地源头和核心区域。张家界国家森林公园是我国第一个国家森林公园。1992 年，联合国教科文组织将武陵源自然风景区，包括张家界国家森林公园在内的三个景区被列入《世界自然遗产名录》。2007 年，该景区顺利通过了中国旅游景区最高级别 5A 级景区的评定。一直以来，张家界以其独特的自然风光为众人所知。

如今，张家界文旅融合发展揭开了新篇章。张家界全市旅游资源禀赋上乘，丰富多彩，密集度大，既拥有享誉全世界的自然资源，又集聚了少数民族文化、红色文化、宗教文化等底蕴深厚的文化资源。近年来，张家界越来越重视推进文化与旅游的深度融合，以《魅力湘西》《天门狐仙・新刘海砍樵》两台演艺大戏等为代表的旅游演艺节目蜚声国内外，元宵灯会、桑植民歌表演、黄龙音乐季等节庆文化旅游活动精彩纷呈，军声砂石画、土家织锦、土家刺绣等文化旅游创意产品备受追捧，文旅融合硕果累累。这些演出和活动不仅推动了新的文化经济模式和产业链发展，还促进了当地脱贫就业。一言概之，它们是当地经济发展的新支柱产业。

（4）隆回县文旅融合的案例

在湖南省的雪峰山东北方向，也是溆浦和隆回两个县的交界地带、海拔大约1300米的崇山峻岭之间，有一个古老的部族——花瑶。他们世代在这块土地上繁衍生息，并创造出了具有民族特色和地方特色的民间工艺艺术——花瑶挑花。由于其独特的民族服装和鲜艳的色彩，以及花瑶女性在挑花方面的高超技艺，该民族因此得名花瑶。2010年1月26日，虎形山－花瑶风景名胜区成为国家重点风景名胜区。

在文旅融合发展的大背景下，隆回县政府为了推广神秘的花瑶民俗文化，整合多方资金，全面开发和精心包装民俗文化。目前，这个旅游项目已经初步被打造成一个将自然景观和花瑶文化完美融合的旅游胜地。在这个地区，旅游者可以欣赏到很多难得一见的自然景观，如虎形山上长达十里的大峡谷、壮观的大托摩瀑布、旺溪瀑布集群，以及全国最大的金银花种植基地。此外，旅游者还可以参观崇木函花瑶古寨，这个景点被誉为“中国花瑶第一村”，也可以欣赏壮美梯田等独特的人文景观。这些风景名胜都蕴含着深厚的历史文化底蕴。

经过重新策划，隆回县委县、政府推出了富含花瑶文化风貌的传统文艺表演，如拦门酒、挑花裙等，先后在北京、深圳、长沙等城市上演，让更多人见证其极具魅力的特色。由于金银花的丰产和挑花技艺的闻名，隆回瑶乡素有“中国金银花之乡”“挑花艺术之乡”的美誉，这个景区已经被授予省级风景名胜区的称号，并被列入新潇湘八景之一。此外，花瑶的民间文化旅游路线也已成为整个省份备受欢迎的路线。花瑶已成为人们将隆回介绍给全世界的象征代表。

（二）湖北：“云上展演”的文旅融合

1. 展演多彩的汉派戏曲“大码头”

（1）振兴武汉传统戏曲“大码头”

湖北省大力推进《关于振兴武汉戏曲“大码头”的实施方案》落地实施，编制印发了《武汉市舞台艺术创作三年规划（2019—2021）》，创作音乐剧《种在屋顶上的长春花》、交响乐《盛世东方》等演出项目。武汉“戏码头”中华戏曲艺术节、中国（武汉）汉剧艺术节等都推动了武汉“戏码头”繁荣发展。

（2）汉派文化走向全国高地

湖北省坚持正确文艺方向，以人民群众为中心，扎实推进专业文艺迈上新台阶。话剧《王荷波》累计观众超万人；杂技《炫技黄包车》亮相首届中国杂技春晚，惊艳全场；京剧《光之谷》参加第十六届中国戏剧节，荣获第十六届中国戏剧节优秀剧目奖；汉味喜剧《海底捞月》、汉剧《霓裳长歌》、楚剧《乡里乡亲》、舞剧《江湖》等优秀剧目全国巡演，获国家级行业奖，扩大了汉派文化的影响力。

（3）营造浓郁社会文化氛围

荆楚大地的舞蹈、汉剧、木偶、杂技在各个舞台上绽放魅力，其中武汉杂技团表演的“飞天”和“空中商人”，以及武汉人艺大型木偶舞蹈节目《千年礼颂》在第七届世界军人运动会闭幕式上演出，反响强烈；公益文化活动精彩纷呈，经常组织开展各类文化惠民活动；特色文博展览丰富多彩，盘龙城遗址博物院、中国共产党纪律建设历史陈列馆建成开放，全市博物馆每年举办展览百余场，观众达千万人次。

（4）拉动多样文化旅游消费

湖北省制定了《武汉市创建“全国文化金融合作试验区”工作实施方案》，积极支持洪山区创建国家文化金融合作试验区，推广文化与金融融合的武汉模式，探索场馆预约功能，实现大数据管理；夜间文旅经济繁荣发展，“知音号”、核心区码头美化亮化、江汉关博物馆、中国共产党纪律建设历史陈列馆进行了公共文化场馆的夜间试点开放，引发了社会强烈反响。

2. 湖北文旅融合的定位与理念

（1）“一核、两带、三板块”发展布局

建设文化和旅游强省，达到中部领先、全国前列，这是湖北省未来发展的重大目标。湖北省将积极推进长江国际黄金旅游带核心区建设，按照一核（武汉）、两带（以长江、汉江为纽带，湖北长江汉江文化和旅游带）、三板块（鄂东人文旅游板块、鄂西生态旅游板块、江汉平原荆楚文化和旅游板块），构建全省文化和旅游产业发展布局。

湖北省实施“文化成景区、文化进景区”计划，挖掘文化底蕴，打造文化特色景观，开发特色文化产品，让湖北特色文化走进景区、走近旅游者；发布十大文旅品牌、十条精品线路和一批旅游打卡地，推进文艺演出、非遗文化、群众活动、红色文化及文化创意进景区，丰富景区内涵；打造优质旅游景区，组织专家帮助景区提升品质、树立品牌，多家景区被评为4A级旅游景区；加快推动度假旅游品牌建设，推广神农架木鱼景区等省级旅游度假区，创建国家级旅游度假区。

（2）“六大”文旅融合

“六大”文旅融合包括：政府主导，民间资本参与；产业全业态化，经济模式多元化；产品品牌化、主题化；景区智慧化、数字化；以文化赋能旅游，寓教于游；乡村旅游与扶贫融合。

3. 案例

（1）恩施市文旅融合特色

一是民间传统文化博大精深。恩施市是湖北省的一个少数民族聚居地，其中大部分地区居民的居住杂乱无章，只有少数地方形成了聚居地。恩施市是巴文化的发祥地，同时也是湖北省在抗日战争时期的临时省会。此外，恩施市也被认为是湖北省历史文化上的重要城市。因为它不仅拥有几千年的历史沉淀，而且还有着非常丰富的文化旅游景点资源，保留着传统的土苗风情和民俗。巴文化历史悠久，有多个传统习俗，如女儿节、撒尔嗬、摆手舞等。除此之外，恩施还拥有许多历史文化文物，包括施州古城墙、连珠塔、文昌祠、西瓜碑、明城遗址等，此外还有叶挺将军曾被囚禁的旧址以及烈士陵园等重要的红色文化纪念地。

二是建设武陵山旅游休闲中心。这极大地推动了中华文化遗产的维护和传承，同时也为恩施市带来了相当可观的经济效益。除此之外，恩施还举办了多场针对普通民众的专场演出，名为百姓大舞台；策划了多个举办方式独特的大型文体赛事，吸引了来自世界各地的旅游者参加，获得了丰富的文化旅游收益。

三是在全境布局上抢占制高点。在恩施市的经济社会发展总体战略中，文化强市被视为一项重要的任务。为加强文化和旅游的协调、建立一种长期有效的合作机制，恩施市委、市政府采取多种行动，从综合的角度出发，规划和布局恩施市的文化旅游资源，充分考虑所有方面的因素，在道路交通、产业发展、城乡建设等专项规划与文化、旅游规划等方面充分协调，以实现全面配合、统筹有序的规划目标。

四是以绿色发展为导向，追求品质卓越。恩施有独特的绿色生态特色，始终注重努力保持自然的本色，在继承传统的同时进行创新，在保护环境的同时进行开发，不断提升着美丽山水的品质。除此之外，恩施市还通过举办“女儿会”等民族节庆活动，来促进旅游演艺品质的提高；加强非物质文化遗产的推广，如推广恩施扬琴、恩施灯戏和恩施傩戏等非遗项目；以传统文化传承为基础，遵循保护优先、科学利用的原则，通过制作具有艺术价值的旅游产品，提升旅游衍生品的综合品质；寻找新的创新点，在产业结合方面实现突破，以提升产业形象并促进全民参与共建。

(2) 恩施市文旅融合要素短板

随着经济的不断发展，人们对文化旅游的需求日益增加，这意味着大众旅游的时代已经到来。旅游已经不再仅是简单的观光，而是转变为更注重文化体验和参与的方式。在我国，各地方都在致力于将文化与旅游紧密融合，以探寻本土文化、拓展旅游产业业态、优化经济结构。恩施市在发展旅游文化过程中，需要强调总体规划对于引领作用的重要性。虽然恩施市历史悠久、文化内涵丰富，但长期以来缺乏系统的整理和实体保护，这使得恩施市的珍贵文化遗产未能得到充分挖掘和有效开发。这些遗产之间缺乏联系，难以得到充分利用。具体而言：文化和体育产业缺乏综合规划，其要素分散，行业未形成集聚区，并且功能也未得到整合；景区景点发展各自为政、经营分散；乡村地区之间缺少协同合作，联动不足。

(3) 其他项目

多样化的文化旅游产品包括凤凰旅游度假区、汉水九歌文化旅游综合体项目等健康休闲旅游项目，还有特色突出的小众旅游项目，如巴桃园自驾汽车营地、沧水汽车露营地等，可谓精彩纷呈，文旅产品丰富多元。就当下来说，湖北各区县正致力于推进文旅融合发展，将项目建设视作“顶梁柱”。

（三）河南：“文物核心＋资源挖掘”的文旅融合

1.“文物核心＋资源挖掘”的休闲体验产品

(1) 资源融合已见成效

文化产业和旅游产业的资源融合能够深度挖掘文化资源的内涵，提高它们的市场价值，同时可以为旅游资源注入更丰富的文化内涵，从而增强旅游资源的文化特色。这种相互促进的文化和旅游关系，不仅有利于提高文化产业的价值，而且还为旅游业资源开发提供了更广阔的发展空间。河南拥有许多独具特色的旅游资源。其中，文化资源是河南文旅融合的重要产物，并拥有着不俗的表现，可谓是遍布我国旅游文化资源的各个领域。以古代都城文化资源为例，河南省历史上一直担任国家政治、经济和文化的中心角色。河南历经了多个朝代的盛衰，多位皇帝将都城建设于此。河南拥有中国八大古都中的一半，其中包括九朝古都洛阳、七朝古都开封、殷商之都安阳以及作为成汤亳都的郑州。这些城市的历史悠久，见证了我国悠久的历史和文化传承。河南将郑州、开封和洛阳三座古都与旅游市场需求结合起来，并将其打造成为中原文化旅游的核心景点。这为这些古老的城市赋予了现代化的旅游魅力，有效地推动了中原文化的传承和推广，并促进了旅游产业的蓬勃发展。

（2）融合产品社会反响较好

自2000年开始，河南就致力于挖掘丰富的文化旅游资源，这些资源所处地包括郑州、洛阳等城市，聚集了古都、历史文化名城，以及全国重点文化保护单位。河南省的目标是将这些资源有效整合，打造一条中部地区顶尖的文化旅游线路，进而创造出代表河南的旅游产品。龙门石窟和多家博物馆等文化遗产资源备受瞩目，享有全球声誉，被广泛推崇为文化旅游胜地。此外，这些景点拥有深厚的历史和文化底蕴，如龙门石窟、开封山陕甘会馆、嵩阳书院、叶县县衙、郑韩故城、郑王陵博物馆、南阳知府衙门、内乡县衙等景点。这些景点在河南省的文化旅游业中扮演着不可或缺的重要角色，它们全面彰显了河南丰富的文化品质。洛阳龙门石窟和嵩山少林寺是河南文化旅游的代表，它们的文化影响不仅局限于国内，而是辐射全球，为河南文化赢得了极高的声誉；清明上河园和黄帝故里分别位于开封和新郑，因其深厚的历史文化底蕴和独特的观赏价值而备受国内外旅游者青睐；河南的文化旅游业因成功举办了《风中少林》《禅宗少林·音乐大典》《大宋东京梦华》等重要演出而有了新的提升和拓展，这些活动为河南文化旅游增添了魅力和吸引力，是河南文化旅游的新亮点。

（3）运营协调产业融合

河南省为了增强文化旅游产品的市场推广效果，在产业融合的过程中进行运营协调，以充分发挥资源的吸引力作用。要想真正欣赏河南丰富的历史和文化资源，相应的工作人员就必须拥有充分的文化素养和知识储备，只有这样，他们才能让旅游者深入理解并感受河南悠久的历史和文化内涵。河南省需要借助文化产业的力量，打造包容性强、传播速度快、受众广泛的多元文化产品，与旅游业的发展相结合，实现文化产业、旅游产业的双赢。

（4）发展特色历史文化和社会文化旅游产业

在河南，文化旅游业可以被总结为历史文化旅游和社会文化旅游产业。历史文化旅游业包括多个历史文化场所，涵盖景区、景点、博物馆、纪念馆等具体资源，以及历史文化园、历史名人园、历史文化主题公园和历史文化类博物馆等设施，这些都以非物质文化遗产或历史文化资源为核心。社会文化旅游产业可分为三类：第一类着重展示民族或城市传统文化的活动，如太昊陵庙会、来自濮阳和周口的杂技表演等；第二类是休闲娱乐旅游产业，主要集中在定点实景剧场、主题公园和地方特产购物街等领域，其中《大宋东京梦华》《大河秀典》《禅宗少林·音乐大典》等是这类产业的典型代表；第三类是社会文化设施产业，涵盖了许多不同种类的场所，如武馆、美术馆、地方文化展馆以及民间工艺展示场所等。这些领域得益于社会文化旅游资源的开发，如河南省博物馆等。这些不同类型的文化旅游产业的组织与运营具有一定的典型性。

（5）目标清晰、产品多

河南省文化和旅游厅在成立之初就规划了清晰的蓝图，以文化创意为依托，以全域旅游为主体，以品牌建设为重点，以“文化＋”“旅游＋”“互联网＋”为平台，培育优质的文旅产品，以满足更多的消费新需求。例如，“老家河南”品牌在国内外市场上的知名度不断提高。河南的文艺创作也呈现出千姿百态的佳作，越来越多的作品在国内外广受关注。随着主题公园的兴起，它所带来的经济效益也日益显著。

（6）存在的问题

第一，缺乏大局思维。河南是拥有丰富文化旅游资源的人文大省，但目前河南的文化旅游产业发展与其资源现状不匹配，没有形成较为成熟的产业。第二，河南省旅游文化产业发展模式整体比较老套，组织经营不够灵活，企业同行之间关系松散，没有严密统一的组织管理和行业规范；各地区旅游资源区域思路狭窄、视野短浅，导致很多景点雷同过多。第三，开发方式落后、经营方式不够先进、文化内涵尚待深入挖掘、旅游产品过于单调都是河南省文旅融合发展过程中的问题。

2．河南文旅融合的定位与理念

河南省基于深挖历史资源进行文旅融合。河南省人文资源突出、涵盖范围极广，目前的文旅融合产品社会效益好、反响大、产品内容丰富且发展目标清晰。其主要定位与理念如下：①政府主导，政策扶持；②产业全业态化，发展态势迅猛；③产品品牌化、主题化；④景区智慧化、数字化；⑤以文化故事、历史遗产赋能旅游。

3．案例

（1）周口市文旅融合的案例

周口市淮阳区具有悠久的历史文化底蕴，蕴含丰富多彩的旅游资源。这个地方不仅包含了众多传统文化元素和符号（如伏羲文化、农耕文化、姓氏文化和儒家文化等的元素与符号），还有占地广阔的龙湖国家湿地公园。这个公园城中有湖、湖中有城，其中的万亩水域被视为特色名片。

第一，打造北方水城品牌。近几年，淮阳区始终秉持宜融则融、能融尽融的理念，积极尝试多种途径，以使文化和旅游相互结合，从而为当地带来更多的发展机遇。淮阳区还利用文化资源来促进旅游业发展，同时借助旅游业来推动文化的发展，使整个区域到处都是美丽的景点。

第二，淮阳区聚焦探索伏羲文化、龙文化、荷文化、非物质文化遗产等方面，致力于丰富景区的文化内涵。举例而言，一陵一湖一古城、二老三皇享盛名、四冢五墓六公祠、七台八景湖中映的“数字淮阳”，加上多条主题旅游线路的支撑，形成了一个覆盖多个景点的旅游系列。

第三，提高城市的品质和形象。淮阳区建造新的公共设施，如街头公厕、游乐场和垃圾转运站，并依托中心城区的设施和重点景区来推动观光旅游、文化体验、特色餐饮、时尚购物等旅游经济产业的发展，进而提升居民和旅游者的幸福感。

第四，建立繁荣的乡村文化旅游发展模式。淮阳区利用民间故事中蕴含的文化元素，打造乡村旅游品牌，同时深入挖掘民间文化，这些故事包括“包公下陈州”“紫荆复生”“范丹借粮”“鲁台望乡”等。还有李之龙革命活动旧址、薛朴若历史纪念馆等红色旅游地，不仅能够传承革命遗产，还可以增进中华民族美德教育和历史人文教育。从侧面角度看，这些旅游路线能够不断地推动革命老区持续稳健发展。

第五，传承非物质文化遗产。淮阳区通过整合村庄历史与文化，加强非遗项目的保护和传承，展示非遗、戏曲、歌舞和体育比赛等形式，将文化发展与旅游服务相结合，以此实现文化创新的目标，并打造出独特的特色文化品牌。比如，打花棍是白楼镇的特色，高跷则是新站镇的特色，竹马和旱船则是曹河乡的文化元素，担经挑则是王店乡的标志性活动，还有舞狮等传统表演是豆门乡的一大特色。这些丰富多彩的文化元素为淮阳区的乡村增添了浓郁的文化气息。

第六，推广淮阳品牌。为了促进“泥泥狗”“芦苇画”等淮阳元素的非遗系列产品的创作和推广，淮阳区为品牌建设创造了优良的创作环境，以便将这些非遗产品转化为文化旅游商品，提升其品牌价值，进而创造一系列制作精良、特色突出的淮阳品牌产品。

（2）灵宝市文旅融合的案例

灵宝市的文旅融合包括以下方面：灵宝市成功申报秦人码头为河南省夜间文旅消费集聚区；灵宝城烟遗址入选“2019 年河南省五大考古新发现”；顺利通过河南省现代公共文化服务体系建设绩效考核；成功申报尹庄镇为河南省民间文化艺术之乡；在第三届“美丽三门峡”系列群众文化活动之“舞动崤函”舞蹈大赛和第三届三门峡市民营文艺团体戏曲大赛中获得奖项。

第五章　文旅融合的实践反思

本章为文旅融合的实践反思，第一部分为我国文旅融合实践的成果与问题，从我国文旅融合实践的成果和我国文旅融合实践存在的问题两个方面进行介绍；第二部分为我国文旅融合实践的经验总结和启示，主要论述了我国文旅融合实践的经验总结以及我国文旅融合实践的启示；第三部分介绍了加快文旅融合的方法和路径，包括加快文旅融合的方法、加快文旅融合的路径。

第一节　我国文旅融合实践的成果与问题

一、我国文旅融合实践的成果

（一）我国文旅融合在文化方面的成果

近年来，随着人们对文化旅游的需求不断增加，文旅融合成为推动经济发展和激活文化活力的重要手段。通过将旅游与文化相结合，我们不仅可以传承和弘扬传统文化，还能够创造更多的就业机会和经济效益。文旅融合的发展正逐渐成为激活文化活力的重要引擎。

首先，文旅融合有助于传承和弘扬传统文化。作为一个拥有悠久历史和丰富文化遗产的国家，我国的传统文化具有独特的吸引力和影响力。通过开展文化旅游活动，我们可以将传统文化带给更多的人，让他们亲身体验、感受传统文化的魅力。同时，文旅融合也鼓励创新，通过现代科技手段，将传统文化与现代生活相结合，使其更加活力四射。

其次，文旅融合带来了更多的就业机会和经济效益。文旅融合不仅是旅游产业和文化产业的融合，还涉及多个相关产业的协同发展。从旅游景区的建设与运营到文化创意产品的开发与销售，再到文化演艺和表演活动的举办，文旅融合为各行各业提供了广阔的发展空间。这不仅创造了更多的就业机会，还带动了相关产业的繁荣，为地方经济的发展注入了新的活力。

最后，文旅融合促进了文化交流与民心相通。通过文旅融合，不同地域、不同民族的文化得以展示和交流，增进了人们对其他文化的了解和认同。这种跨文化的交流与融合，不仅使社会更具有包容性和多样性，还促进了民心相通和国际友谊的深化。文旅融合成为推动人文交流、加强国际合作的重要桥梁。

文旅融合的发展为激活文化活力提供了新的思路和机遇。通过传承和弘扬传统文化、创造就业机会和经济效益、促进文化交流与民心相通，我们能够实现文化的繁荣与发展。

（二）我国文旅融合对旅游的影响

我国旅游业在经济水平提高的推动下有了长足的发展。文旅融合促进了旅游业的经济增长，进而提高了旅游行业的效益，旅游行业效益的提升又推动了旅游产业的升级，从而进一步促进文旅融合。随着旅游业的发展，人们对文化的需求越来越高，因为旅游业是一个包罗万象的服务产业，涉及各种文化元素，所以文化精神在旅游业中至关重要，它要求行业各要素都要积极推动文旅融合的发展。为了推进文旅融合，我们需充分挖掘旅游业的经济、人才和信息优势，加强文化和旅游产业的协同合作。

1. 文旅融合为旅游业发展提供驱动力

文旅融合已经成为我们追求习近平新时代中国特色社会主义思想的新的目标和任务，因为这符合当今时代的需要。因此，将文化和旅游结合起来，可以为推动旅游产业的升级和转型提供驱动力。另外，将文化和旅游产业进行融合，可有效降低合作费用，同时也可加强两个产业之间的竞争与协作。这种整合也能够促进文化和旅游产业的经济发展，进而提升旅游产业的经济效益。因此，应深度融合文化和旅游产业，把文化资源转变为旅游资源，从而扩大旅游市场，鼓励旅游产业的发展，带动就业、促进经济增长并推动产品更新升级。随着我国经济水平和人们文化素质的提高，文化旅游产品和景点已成为衡量一个地区发展水平的重要标志。

2. 文旅融合是确保旅游业经济绩效提高的基础

深化文旅融合能够促进旅游业的经济发展。我国文旅融合的不断发展使得旅游产业的作用范围不断扩大，因此旅游管理体制也在不断完善。我国现已将文旅融合视为新常态下的重要经济增长引擎，不仅对文化传播、振兴和弘扬等方面起到了有力的支持，而且还极大地推动了经济发展。此外，随着文旅融合的发展，旅游市场愈加繁荣，也愈加细化，衍生了海滨旅游、冰雪旅游、研学旅游等崭新的旅游方式。这些新型旅游方式的兴起反映了旅游者精神和文化需求的多样性，这也导致文化旅游在市场上的影响力不断增强，更多的市场参与者也开始探索以文化和旅游相结合的方式进行商业活动。

二、我国文旅融合实践存在的问题

（一）我国文旅融合后管理体制面临挑战

我国文化和旅游部门的管理框架出现了显著转变，即从以往重点关注接待外事转向强调旅游业的发展。这一转变还涉及政府与企业的管理分离，并已初步实现行政职能的变革。在发展浪潮的带动下，我国文化和旅游产业已形成相应的产业基础。然而，当前我国文化与旅游产业的迅猛发展与以前的预期不太一样，同时新的行政管理措施也缺乏针对我国文旅部门实际情况的切实考虑。在改革开放的进程中，我们必须将文化和旅游紧密结合起来，这是不可避免的趋势，也是适应时代变革的需要。我们需要抓住机遇，激发各方的热情，实现跨越式发展，这是旅游产业发展和我国文旅融合后管理体制面临的关键挑战之一。

（二）我国文化和旅游部门行政管理思维存在偏差

1. 对文旅融合的重视程度不足

眼下，个别地区的文化和旅游机构的管理人员未能充分重视本单位的工作，未能认识到文化和旅游产业对于本地区的发展至关重要，忽略了文化和旅游产业发展对于地方经济所能做出的巨大贡献。这种态度导致地方的文旅工作受到阻碍，文旅部门难以展开工作，且面临许多困难。

另外，由于对文化和旅游的发展认识和重视程度不足，部分文旅单位的员工无法深入思考工作，这对当地文旅业的发展产生了不良影响，甚至造成不可估量的损失。在组织中，单位领导者发挥着至关重要的作用，因为他们是整个部门的核心，如果领导者能够将注意力集中在部门事务上并有效地监督员工，则领导者对部门的管理作用也将有效地发挥出来。

2. 文旅管理部门内部安排不合理

随着文化和旅游部门的合并，相关领导团队也进行了重新组建和调整，其中一个关键的任务是促进部门内部的协作和发展。一个部门能否成功整合，主要取决于领导者是否具备协调各方利益、促进合作的能力。根据地方文化和旅游管理部门的实践经验，过去的文化部门和旅游部门承担了许多不同的职能，因此存在多个内部机构，每个机构均有专门的管理人员负责。随着机构改革的推进，这些部门进行了内部重组，对应的工作人员被重新分配。即使员工的原有职责并未改变，但是所在部门的领导可能会更替，新领导可能更愿意信任原部门的员工，这种变化可能会引起人们产生某些偏见。因此，在机构合并时，我们需要采用一些措施来抵消这些不利影响。如果某些职位不需要工作人员必须具备专业技能，那么组织机构可以在内部进行人员调配。加强沟通和交流有助于消除彼此之间的隔阂，从而提升机构运作的效率和顺畅度。除了在工作岗位上沟通交流，文旅部门合并还让领导了解个人在专业领域的长处，以便更有效地分配和处理工作任务。

（三）我国文化和旅游部门人才队伍建设存在困境

1. 文旅部门编制存在的困境

我国文旅部门在编制方面主要面临三大困境，具体如下。

第一，基层文化和旅游部门缺乏足够的编制。长期以来，我国基层文旅单位一直存在着缺乏足够人力资源的问题。许多基层文化站只有单个员工，有些甚至没有编制。由于工作人员薪水过低，再加上地域和环境的影响，基层文旅部门在招募专业人才方面面临着一定的挑战。在特定情况下，基层缺乏正式编制的员工相对不太稳定，这使得他们更容易被调动或离职，并且与其他员工相比，他们的专业技能可能相对较弱。

第二，县级文旅部门的行政人员编制没有与实际需求相适应。合并基层文旅部门后，其责任范围得到了进一步扩展。基层文旅部门承担着广泛而重要的职责，特别是在旅游管理领域，需要对违法行为采取行政处罚等措施，这对基层文旅部门提出了更为严格的要求。一些地区面对人手不足的局面，采用了委托执法的方法，具体是让相关的事业编制单位旅游来帮助解决人员不足的问题。这个解决方案只适用于临时紧急情况，因为文化和旅游情况在不同的地区有所不同。如果行政处罚的辅助工作完全依赖相关事业编制的人员开展，可能会产生执法不公的情况。所以，为了缓解基层文旅部门人员不足的问题，地方政府应该考虑根据当地实际情况，合理配置行政编制。

2. 文旅融合专业人才欠缺

在文旅融合刚开始的时候，从事该领域的人员有一部分分别来自文化和旅游部门，并没有很多专门从事文旅融合的从业人员。后来，尽管两个部门已经合并，但文化方面的人员仍在负责相关工作，旅游方面的人员也仍然专注于旅游相关的工作。为了推动文化旅游业的发展，文旅部门需要引进一些专业技能和全面运营方面的人才。这些人才应该具备多个领域的能力，如设计、文化创意、创意运营，以及文化旅游项目的设计和技术开发等领域对应的能力。这些人才在促进文化和旅游行业的快速增长和专业化方面扮演着至关重要的角色，同时也是实现文旅深度融合不可或缺的重要组成部分。尤其在基层本土的文化创意行业中，我们缺乏足够的人才储备。文化和旅游领域之间的信息交流还有很大的提升空间，就目前来看，优秀的文化创意项目往往难以和旅游产业紧密结合，这是因为缺乏联合部门人才的支持。

（四）我国文化和旅游部门文旅融合实践存在困境

1. 文化和旅游需求急速膨胀和文化旅游供给严重短缺的矛盾

随着人们生活水平的提高，越来越多的人对文化旅游的兴趣日益增长，但当前的文化软实力和旅游硬实力并不能完全满足其需求。由于缺少可靠的传承途径，传统文化难以被广泛传播。旅游业发展面临的瓶颈是缺乏充足的住宿条件和交通资源，若不积极加强文化软实力和旅游基础设施建设，那么文化和旅游领域或许无法应对迅速增长的文化需求和不断增加的旅游人数。

2. 缺乏优质文旅项目

直至近年，文化旅游项目方才开始蓬勃发展。但是，文旅项目的开发团队仍在使用以往的思考和管控方式，这种方式已无法满足文旅项目开发所需的思维、能力和经验等方面的要求。目前，文旅项目需要在前期投资和运营规划方面做足准备。然而，由于大多数文旅运营往往是在项目开发后期才开始介入，这就给前期项目建设带来了一些难题。当前，我们面临一个重要的挑战，那就是如何将当地的文化和旅游资源融合在一起，从而创造出优质的文旅项目。这一挑战需要我们克服一些障碍，以确保相关目标的实现。

第二节　我国文旅融合实践的经验总结和启示

一、我国文旅融合实践的经验总结

我国文旅融合实践的时间较短，融合模式尚未完全成熟，但也出现了一些文旅融合的先进范例值得我们研究借鉴。

（一）长三角地区依托经济优势促进文旅融合

长三角地区不仅是我国经济、科技综合实力最强的地区之一，也是我国文化产业最发达的地区之一。长三角地区的文旅融合正在迎来发展黄金期，正逐步成为城市和区域经济发展新引擎。

长三角地区文旅融合的成功之处在于，依托经济优势，在科技创新、投资开发、IP 打造、运营管理方面走在全国前列，出现了一批具有文化创意、体现新兴科技的主题娱乐项目、文旅演艺项目、夜游经济项目，迎合了新市场与新机遇，使文旅融合带动区域经济的联动发展。

2018 年，由上海、连云港、常州、丽水、湖州、温州六个城市共同组建的长三角文旅产业联盟（以下简称联盟）成立。联盟依托于上海高科技文化装备协会，主要为长三角地区文旅融合服务，将传统景区的特色文化、民间技艺、非物质文化遗产等与高科技装备结合，如文物数字化展示和解说技术、多媒体交互实景山水秀、沉浸式数字交互等，将传统景区以全新面貌推向国际旅游市场。长三角地区文旅融合注重科技含量与文化内涵兼具，充分体现了我国当前科技与文旅产业结合的新技术、新体验、新模式。

（二）环渤海、珠三角地区依托区位优势促进文旅融合

环渤海地区拥有优越的地理位置，经济发展繁荣、政策法规完备，同时其文化与旅游业互为促进，特别是在庆典和会展方面受到广泛赞誉。环渤海会展经济带包括天津、廊坊、烟台、大连、青岛等城市，中心地点是北京。环渤海地区经济带开展了一系列达到国际水准的庆典和展览，同时也创办了一些获得国内广泛赞誉的知名庆典和展览。此外，还孕育出一些别具一格的地方特色庆典和展览。由此，该经济带逐步建立了一个层次丰富、多元化的庆典、展览产业体系。环渤海地区会展业以发展早、规模大、数量多、国际化程度高、门类齐全、知名品牌展会集中、辐射广等特点被广泛关注，尤其是国家京津冀一体化发展战略的提出以及国家会展中心在天津的建设完成，更使环渤海地区成为我国新的经济发展引擎。

珠三角地区是一个以会展经济为主的区域，周边地区也受到其辐射。广东拥有全国前十的会展场地面积，其中中国进出口商品交易会虽然历史悠久，但其他展会（如中国国际高新技术成果交易会、中国电子信息博览会等）也在不断扩大影响力。

（三）东北地区依托气候优势促进文旅融合

东北地区因特殊的气候条件，孕育了独特的冰雪文化，利用冰雪文化促进文旅融合成为东北文旅产业发展的最大特点。比如，吉林省以“都市冰雪·相约长春”为主题，打造冬季旅游特色项目，开展丰富多彩的旅游节庆活动，以带动旅游消费热潮。哈尔滨不断提升冰雪节的知名度，逐步将哈尔滨打造成为世界冰雪文化旅游名城，并带动哈尔滨“音乐之城”建设和会展业发展。

东北地区将传统的冰雪文化与现代冰雪文化相结合，培养冰雪文化的创新思维，丰富冰雪文化的深层含义，提高冰雪相关产品的文化体验价值，并推动冰雪文化的广泛传播以及冰雪文化旅游品牌的建设。近年来，东北地区陆续推出了一批反映冰雪景观、冰雪文化、人文风情的优秀旅游演艺作品，建设了一批冰雪文化主题展馆，承办了多次冰雪文化峰会、冰雪产业博览会、冰雪旅游节，推出了雪地赛马、冬猎冬捕、冰雪赛事等冰雪娱乐产品，将冰雪文化产业与旅游产业深度融合，形成独具特色的东北文旅融合之路。

（四）西北地区依托政策优势促进文旅融合

西北地区文旅融合主要依托丝路文化、黄河文化。在政府的大力扶持下，西北地区推出了一批文旅融合产品。丝绸之路游以甘肃、新疆为代表，甘肃省形成了丝绸之路全景游等特色文化旅游路线，旅游演艺推出《丝路花雨》等精品剧目。新疆打造了丝绸之路世界文化遗产旅游线，包括新疆首批世界文化遗产的六个遗产地，即高昌故城、交河故城、北庭故城遗址、克孜尔杂哈烽燧、克孜尔石窟、苏巴什佛寺遗址，推进了丝绸之路经济带旅游集散中心建设。

因为拥有大量的文物古迹、文化遗址等古代历史文化资源，所以陕西省在历史文化旅游方面成功创造出独特的模式。由于这些资源的支持，博物馆和纪念馆等文化场馆得以充分发展，这在很大程度上促进了文物保护事业和旅游业的良性互动，推动了文物的保护和开发工作的开展。此外，陕西省还推出了多个旅游演出节目，其中包括《长恨歌》《仿唐乐舞》《关中八景》《霓裳羽衣舞》《延安颂》等。

宁夏和甘肃是具有代表性的黄河文化旅游区域。宁夏以黄河金岸项目为基础，打造出一个集文化和旅游于一体的综合试验区，其中包括构建黄河金岸文化旅游带和黄河文化展示线，以促进该地区文化旅游事业的繁荣发展。近年来，兰州举行了大量的庆典活动，其中包括黄河文化旅游节。此外，兰州市还规划建设了黄河风情文化旅游景点，并推出了“黄河之都”文化旅游品牌。

（五）西南地区依托民族文化优势促进文旅融合

西南地区拥有丰富多彩的民族文化资源，文旅融合是其显著特征之一。西南地区旅游业以各地独具特色的文化为发展重点，在不同省份，以民族文化为核心的旅游业也得到了不同程度的发展。云南正在积极探索促进民族文化旅游发展的途径，其中包括建设民族文化领域的强省和推动旅游业的二次创新等政策措施。这些举措有效地推动了文化旅游行业的发展，促进了文化资源的综合利用，使文化和旅游产业深度融合；四川凭借其独特的文化符号，如熊猫故乡、三国文化圣地、古蜀文明之邦等，彰显出其独有的文化魅力；贵州省和广西壮族自治区以民族文化为支撑，推广具有民族特色的村落旅游。

从民族节庆上看，一些非常独特的庆祝活动在西南地区盛行，其中包括云南傣族泼水节、彝族火把节、贵州六月六日庆祝活动，以及阿坝国际熊猫节，这些活动在当地都享有盛誉。此外，西藏的传昭大法会、放生节，以及广西桂林的山水文化旅游节、铜梁龙灯闹新春等一系列活动，使当地的知名度得到了有效提升，打造了文化旅游品牌。

从民族文化演艺上看，西南地区深厚的民族文化使得该地区在民族文化演艺方面非常出色。西南地区创造了一系列深入人心的旅游演艺节目，并通过在特定地点和不同地区演出的方式，积极推动全球文化交流。例如，《印象·刘三姐》《云南映象》《藏谜》等著名作品具有很强的代表性，广受欢迎。广西采用了一种新型演艺推广策略，在以“印象系列＋景区”为核心的基础上，精心打造了实景演出《印象·刘三姐》，并取得了圆满成功。这种模式已经被广泛推广到全国各地。

从民族民间手工艺上看，西南地区许多景区的成功建立得益于充分发掘当地丰富的民族文化资源，特别是民间手工艺。例如，位于靖西市的旧州村是一个闻名遐迩的地方，这个村庄以制作刺绣产品为主要产业，因其在该领域的发展和成就，旧州街被认定为国家文化产业示范基地。贵州通过发展产业的方式来促进旅游商品的繁荣，连续多年举办“多彩贵州”旅游商品活动，其中包括旅游商品设计大赛、选拔能工巧匠的大赛、旅游商品展销大会等一系列活动。这些活动促使越来越多的农民和民间手工艺者参与制造旅游产品，也促进了一批专业旅游商品生产企业的兴起，还推动了一些专业旅游商品生产村镇的发展，如银饰村、蜡染村等。云南省内不同民族的文化元素以及传统工艺品所包含的文化内涵非常丰富，且其地域特色极其鲜明。在云南省政府的大力倡导下，民族传统工艺已经发展成为该省重要的文化产业之一。自 2008 年开始，昆明泛亚国际民族民间工艺品博览会已成功举办了十届，该博览会不仅为云南带来了可观的经济效益，同时也提高了云南民族民间工艺在社会上的知名度。

二、我国文旅融合实践的启示

通过对国内文旅融合经验的梳理和研究，我们可以从中获取帮助、启发思路，并结合自身的实际情况，认真学习借鉴国内经验，促进文化和旅游的有效融合发展。

（一）政府的扶持是文旅融合的重要保障

政府的大力支持和积极推进是国内部分省市文旅融合获得巨大成功的关键因素。这些地区把文化产业和旅游产业看作战略性产业，致力于发展它们，并希望把它们打造成为国家经济的支柱产业。此外，政府可以采取多种措施，包括制定法规、规划产业布局、调整财政税收政策、筹集融资资金和加强人才培养，以协同促进文化和旅游业的发展。同时，政府还可以采取高效、多层面的协调机制和制度安排，为文旅产业的融合创造良好的环境，积极提供人力、财力和物力等方面的支持。可以说，政府是推动文旅融合的主要推手。

（二）打造核心优势产业是文旅融合的必备条件

各个地区都具备它们独特的资源和优势产业。为了促进文旅融合发展，我们需要依据当地的资源和条件进行科学的规划。在规划和开发当中，应注重充分发挥优势产业的特色，将主要目标设定为打造核心产业。文化旅游行业的发展需要充分利用本地区的优势产业，并通过跨行业的合作实现共同发展。比如，美国将高科技产业和旅游产业融合，英国将历史和文化资源和旅游业相结合，而日本则将动漫产业和旅游业相互融合。在我国，东北地区将冰雪产业与旅游产业相结合，而西南地区则将民族文化产业与旅游产业紧密结合，因此这些地区都形成了独特的核心文旅产业。

（三）延伸产业链、创造高附加值是文旅融合的关键

日本将动漫和旅游进行全产业链融合，美国将文化产业与旅游、金融、制造等跨界整合形成跨行业、跨国际的巨大产业链，都可被视作对产业链进行延伸、对附加值加以创造的成功案例。就国内外发达国家和地区文旅融合的商业运营模式而言，它们所拥有的一个共同特点就是都有完整的产业链。从横向层面来看，

他们不仅专注于开发、生产和销售特定的文旅产品，还提供与之相关的体验服务，并且开发一系列相关的衍生品进行生产和销售；从纵向层面来看，我们应该以核心的文旅行业为主导，同时促进相关行业的融合和发展，而不是只关注单个行业的进步。文化旅游产业在经营方面实现了多方面的拓展，同时，该产业跨越了多个不同的行业领域，实现了复合化经营。这为现代人提供了丰富的物质和精神文化消费选择，满足了他们多样化的需求，进而创造了高附加值。

（四）文化创意是文旅融合的重要推手

运用独特的设计方法，我们可以有机地融合传统文化、民俗文化和地域文化的内涵和价值，并巧妙地将创新元素融入品牌，为品牌创造独具特色的形象，进而提高旅游的品质，促进文化和旅游的有机结合。例如，英国的博物馆很好地运用了文化资源，将名人故居转化为融合文化、旅游和购物消费体验的场所，为这些文化资源带来了新的价值和活力。随着迪士尼动画电影的陆续上映，相应的主题公园也在不断创新，致力于引入新的娱乐设备和活动。此外，为了确保旅游者始终能够享受到新鲜感，迪士尼乐园每年都会更新三分之一的设备并推出三分之一的全新创意项目。所以，在文化旅游融合的过程中，我们需特别关注创新设计，要以文化为核心，对传统文化元素进行重新诠释和创新，以此创建一种以文化为主题的旅游品牌，通过品牌打造，可以提升旅游竞争力。我们需要关注消费者需求，利用创新思维，在文化旅游活动的规划、景点设计、文化体验项目和纪念品开发等方面创造出更加符合市场动态变化的文化旅游产品。

（五）科技创新是提升文旅融合的重要手段

注重运用科技是国内外文旅融合的重要经验。在云计算、物联网、大数据等现代信息技术广泛应用的背景下，文旅产品正朝着数字化方向转变，并借助互联网思维打通线上、线下两个场景。将科技与文化旅游相融合，运用技术不断创新，可以有效增强旅游者的参与感，打造更丰富、更真实的互动体验，并进一步推动文化事业的发展。比如，应用虚拟现实技术，美国文化主题公园成功再现了动画电影的场景，使旅游者犹如穿越到电影的世界里，进而体验主人公的感受。这不仅满足了旅游者的心理需求，还为旅游者提供了精彩纷呈的文化旅游体验。又如，借助现代科技手段，我们能够再现维京人的生活场景，这一展示活动在英国约维克维京中心举行。旅游者可以身临其境观察维京人的家居生活、市场交易、渔猎及农业生产等场景，并结合逼真的声音和气味，让自己“成为”他们中的一员。

因此，在将文化与旅游相结合时，我们需要寻求创新方法，特别强调在文化和旅游领域中采用高科技的方式。也就是说，运用“互联网＋旅游”的方式可以为旅游者提供更多元更综合的体验感，包括感性体验、实际操作、认知体验和情感感受，进而推动和扩大文化旅游产业链。

（六）地域文化特色是文旅融合的亮点

富有鲜明特色的地域文化既是重要的旅游吸引要素，也是文旅融合的重要元素。通过创意手段将地域文化资源转换为文化旅游产品，旅游者能在游览中感受到深刻的文化体验。比如，西南地区对民族村寨、民族演艺的旅游开发，西北地区对黄河文化的旅游开发，都具有极大旅游吸引力，能让旅游者体验到浓郁的地域人文风情。只有注重地方文脉、突出文化底蕴、突出地域文化特色和差异性、塑造地域文化旅游品牌，旅游目的地才能脱颖而出。

第三节　加快文旅融合的方法和路径

一、加快文旅融合的方法

（一）理念融合：政策融合、队伍建设

1. 政策融合

我们应该认识到，文化旅游产业的快速增长对于促进经济社会发展具有至关重要的作用。为此，我们需要采取迅速有效的措施，在确保各方面协调一致的前提下积极推进民族文化强省和旅游经济强省的建设；同时，我们要遵循工作原则，采取顺势而为、以文促旅、以旅显文的方法，不断改进策略，提高管理水平和服务质量，为推动文化旅游产业的可持续发展做出积极努力；要致力于整合全省的文化和旅游资源，积极寻找文化产业和旅游产业的结合点和切入口。

应把文化产业和旅游产业的互动发展纳入经济社会发展总体规划。基于“十四五”规划，以规划为导向，促进文化与旅游产业的发展；同时考虑全方位因素，实现资源共享和优势互补，实现双方共赢；实施统一规划和监测，防止各地在文化和旅游产品开发方面盲目行动。笔者建议当地各部门结合本地实际情况，共同制订并推行旨在促进两个行业共同发展的计划；加强整合文化和旅游领域的

法规政策、规划以及标准，确保它们之间协调配合，避免任何遗漏或不足。我们要积极推进资源、平台、工程、项目、活动等的整合，以实际情况为基础，将需要清理的进行清理，需要合并的进行合并。

2. 队伍建设

我们应以文化旅游人才的合理使用和综合能力提升为着力点，积极实施人才强旅战略；建立文化旅游产业智库平台，评选表彰文化旅游产业领军人物；推进全国特色文化旅游产业研究基地、文化旅游产业创意设计人才培训基地、文化旅游产业经营管理人才培训基地建设，制定文化旅游产业经营管理人才培训规划，建立健全在职人员业务培训和继续教育制度；实施高层次人才培养计划，培养一批熟悉文化旅游市场规律、懂文化旅游、善经营产业的现代文化旅游企业领军人才；完善分配和激励机制，鼓励优秀拔尖人才脱颖而出；有计划、有重点地从海内外引入文化旅游产业发展急需的各类人才；加强高等院校文化旅游产业人才培养和相关学科建设，资助一批重点研究课题，鼓励有条件的高等院校开展文化旅游产业重大理论和实践问题研究，将文化旅游产业作为积聚人才、发现人才、培养人才的重要基地。

（二）机制融合：制度建设、社会参与

国内外文旅产业发展实践表明，应在立足当地文旅资源的基础上通过制度创新来激发市场活力、吸引社会参与，以多种形式促进文旅融合。

1. 制度建设

我们应鼓励各州市深度挖掘文旅特色资源，重点打造一州（市）一品牌、一州（市）一民族、一州（市）一节庆、一州（市）一演艺、一州（市）一影视、一州（市）一菜品、一县（区）一特色，形成文旅融合新格局；持续开展文旅县（区）、文旅街区（乡村）、文旅企业、文旅产业园区申报、评比、命名制度，推出文旅精品。

2. 社会参与

我们应积极探索社会资本参与文旅融合的途径和方式，多渠道提供“文旅+”城乡、“文旅+”产业、“文旅+”科教、“文旅+”生活融合等方面的产品。“文旅+”城乡融合要贯彻城市即景区、景区即城市的发展理念，促进文旅与城市融合发展，发挥农业旅游统筹城乡经济一体化的作用；“文旅+”产业融合，即发展工业旅游、文化创意旅游等新兴业态；“文旅+”科教融合，要充分利用增强现实、虚拟现实技术发展沉浸式旅游和研学旅游；“文旅+”生活融合，强调从人的需求出发，实现文旅与居民日常购物、健康需求、养老、休闲度假等生活方式的融合。

（三）创新融合：品牌战略、重大工程带动战略

1. 品牌战略

在规划品牌策略时，我们需要深入分析现有品牌的独特之处，有机地整合和改造，让老品牌焕发新的生命力，从而进一步提升品牌的价值；要把握战略机遇，促进文化和旅游的创新融合；为现有品牌注入新的元素和能量是一种有效的品牌创新战略，我们可以采用创新的方式来实现，从而促进品牌的成功。

我们可以设立专项经费和实施激励计划，采取多种宣传营销策略，以提升文化旅游品牌形象；要推动国际文化旅游组织、各地政府旅游部门、主要旅游企业、新闻媒体以及旅行代理机构之间的协作和互动；要建立文化旅游宣传联盟，利用各种渠道和资源进行文化旅游推广；建立营销推广网络，促进不同领域、机构和地区之间的协作交流，以促进各项合作计划的顺利推进；在推进文化旅游融合发展方面，省级宣传媒体需要增加宣传的版面和时长，以促进该领域的进一步扩展和普及；文化部门要推进文化和旅游业的融合发展，要致力于创建精湛的文化艺术作品，并将其呈现在各种文化展览和活动中，以此推广文化旅游产品和项目，并满足市民和旅游者的喜好；可以考虑创造引人注目的文化产品，并且采用现代化的媒介、数据分析工具和具有创意的策略，以在宣传和营销方面实现创新；可以借助精准的广告投放策略，根据旅游者的兴趣爱好和经济实力，实现市场的精准拓展和开发。文化旅游产业要积极地规划和设计，综合考虑影视、动漫、图书、演出等方面的文化艺术作品，紧密围绕旅游景区、度假区和旅游目的地进行发展，以达到旅游和文化互相促进的目的。

2. 重大工程带动战略

乡村振兴是国家解决“三农”（农业、农村、农民）问题、实现城乡一体化的重要抓手。要想使乡村振兴成为样板，文旅主管部门应清晰地把握主线，整合各项政策，将成功的经验转化为新的战略工程并融入一个新平台中。

（四）非物质文化遗产与旅游融合：开发型融合、体验型融合

非物质文化遗产是由一系列传统技艺、表演艺术形式和创造性方法、专业知识和技术能力以及相关工具、器物、艺术品和文化场组成的，这些非物质文化遗产被视为形成不同集体、群体，有时甚至是个人文化遗产的重要组成部分。不同

社群和组织创造了这些代代传承的非物质文化遗产，这不仅加强了他们自己的归属感和历史感，也促进了文化多样性的发展。文旅融合可以激发非物质文化遗产传承发展的新动力，为非物质文化遗产传承发展及其成果共享创造新机遇。

1. 非物质文化遗产与旅游融合的政策依据

2018 年 3 月 9 日，国务院发布了《国务院办公厅关于促进全域旅游发展的指导意见》，旨在引领全域旅游的发展。根据文件的内容，旅游业被认为是一种有效的经济方式，可以推动经济发展、提高就业率，并能够满足人们对高品质生活的需求。为了让文化事业和旅游产业蓬勃发展，我们需要在多个领域（如科技、教育、文化、卫生、体育等方面）与旅游产业整合。此外，我们还需更充分地开发传统乡村、文化古迹、博物馆、纪念馆、美术馆、艺术馆等文化场所的潜力，以促进文化和文物旅游的进一步发展。另外，为了提高旅游产品的品质，我们应该将娱乐产业中的元素（如戏剧、表演、游乐设施以及卡通动画等）融入旅游行业中，打造涵盖文化体验的旅游项目；我们应该深入研究历史事件、地域特征、习俗和农耕文化等文化领域，同时积极推动传统工艺的复兴计划，以提升传统工艺产品和旅游产品的文化内涵。

当文化与旅游紧密结合时，它们将形成一种互补和协同的关系。建立文化和旅游部为促进文化产业、文化事业和旅游产业的发展带来了机遇。文化的多样性在非物质文化遗产中得到了突出的体现，不同地方独具特色的传统文化也因其多彩的特点而引起了旅游者的兴趣。许多旅游活动实际上都包含了文化旅游元素，而深度游则更加专注于探究文化元素。旅游产业的繁荣为非物质文化遗产的传承提供了更广泛的展示平台和更加便利的宣传手段。我们需要积极落实中央的决策安排，精准地了解文化和旅游相结合的导向和标准，践行新的发展理念，深度挖掘并有效解释非物质文化遗产资源，通过提升传承实践的水平，为旅游业注入更高品质和更有吸引力的文化元素。为了更好地保护、传承和发展非物质文化遗产，我们应该充分利用旅游产业的独特优势，并为其注入更大的内在动力。

2. 非物质文化遗产与旅游融合的方式

大量实践证明，非遗与旅游相辅相成，非遗与旅游过去有着紧密的联系，现在的联系更加紧密，未来的联系还会进一步加深。只有以保护为前提，以可持续方式管理旅游业，避免商业性滥用，确保文化遗产的活性、社会功能和文化含义不会因旅游业受到威胁，才能使非遗在文旅融合中长足发展。

（1）开发型融合

只有在对非物质文化遗产充分尊重、传承其本的基础上分析市场需求、进行合理的设计，才是对非物质文化遗产的保护和发展，才能生发出持久的产业后劲，实现社会效益和经济效益的双赢。

一是建立非遗创意设计园区。我们应建设非遗创意产业园，以非遗技艺展示体验、非遗主题民宿等为形式，使其成为非遗文化平台，集创新商业中心、非遗体验教育、多元文化交流、极致文产集群、非遗娱乐空间、创意产业研发、文脉创展联动等多元丰富的载体优势于一体，不仅在区位价值、交通便捷、人口规模、商务环境等方面独具优势，而且还为非遗文化传承及创新生产提供了一个全新的“自生长型”服务平台。

二是打造非遗文创产品。我们要以提高文创产品质量、用好旅游市场渠道为抓手，通过优质文创产品开发提升旅游内涵、促进旅游消费；通过旅游市场畅通文创产品销售渠道、扩大文创产品影响力，实现双促双赢。

因此，我们需要积极推广那些将传统手艺和现代生活相结合的非遗文化创意产品。我们可以将传统故事转化为一系列特别的旅游纪念品，如打火机、杯子、帽子、明信片、备忘录和钥匙扣等，以凸显它们的独有魅力。在以美食知名的旅游胜地，我们可以利用这些美食的神话传说来开创新的旅游主题，并推出相关的饮品和小吃产品，为旅游业注入新的活力。要重视和关注少数民族的传统音乐和舞蹈，这些文化资源已成为旅游业中不可或缺的一部分，能够带来十分可观的经济收益。另外，旅游产业还受益于传统工艺、传统生产技术、传统生活方式、传统仪式和传统节日等非物质文化遗产的传承和弘扬。传统工艺美术是指那些通过手工制作而具备艺术价值的实用产品，不仅具备很强的实用性，还强调审美效果，包括石雕、玉雕、木雕、竹雕，以及泥塑制品，如泥人、泥老虎、泥狗等。对于旅游产业，传统工艺美术遗产的作用可以从两个角度进行探讨：第一，这些珍贵的传统作品是旅游消费品的重要组成部分，满足了旅游中与购物需求相关的方面；第二，这些作品的制作过程非常有趣，因此我们可以将其作为一项全新的旅游活动加以宣传。比如，云南鹤庆的银铺所展现的器物制作过程，完全可以作为一个旅游景点来推广。当下，老字号、老作坊的开发仍具有巨大的潜力，有待拓展。

（2）体验型融合

旅游城市通过举办各类节庆活动、演艺表演和体验性旅游项目等，以非物质文化遗产为主题，采用市场策略吸引旅游者参与，为旅游者提供丰富的体验式旅游服务。体验型开发非物质文化遗产的主要方式是通过民间舞蹈、民间音乐和民俗等活动，为旅游者提供独一无二的旅游体验。

（五）物质文化遗产与旅游融合：活化型融合、保护型融合

文化遗产可归为两大类别，即物质文化遗产和非物质文化遗产。更具体地说，物质文化遗产是指有形的文化遗产，而非物质文化遗产则是指无形的文化遗产。这些文化遗产具备历史、艺术和科学的价值，并涵盖多种类型，如古迹、墓葬、石窟寺庙、石刻、壁画、具有代表性的建筑和其他不可移动文物。此外，还包含各个历史时期的重要实物、艺术品、文献、手稿、图书资料等可移动文物，以及一些历史文化名城（街区、村镇），它们在建筑式样以及与环境景色融合等方面都具有显著的历史价值。随着人们文化遗产保护意识逐渐加强和保护实践的不断深入，文化遗产研究学者已开始将关注点从单个遗产点（点）拓展到更广泛的文化路径（线）。

长期以来，我国对于物质文化遗产的保护往往采取“隔离”型保护模式，单纯以防止遗产资源受到损害为目的。但近年来我们逐渐意识到传统的保护模式忽略了物质文化遗产来源于过往的生活。在文旅融合的大背景下，“物质文化遗产+旅游”使文化资源“踏”出隔离区，在新的历史条件下重新发挥出其蕴含的历史、社会、科学等方面的价值，不仅提升了旅游的文化内涵，而且还让社会各界更加了解我国庞大的物质文化遗产。针对不同的物质文化遗产，本书将其与旅游的融合模式分为活化型融合和保护型融合两种。

1. 活化型融合

活化型融合是对现有物质文化遗产进行延续利用与活化改造来发展旅游的一种模式。根据活化型融合的内涵和形式，又分为以下几种类型。

一是传承型活化融合。对于价值突出、保存完整、不易被损坏、服务于日常生活的物质文化遗产，从遗产本身状况出发，将其自然的外在物质形态与完整的历史文化信息真实地传承下来，延续其全部或部分使用功能，保持最大程度的客观真实性。

国内成功案例：苏州古典园林。其历史可上溯至公元前6世纪春秋时期，部分园林于1997年和2000年被列入《世界遗产名录》。苏州古典园林宅园合一，赏、游、居兼备，独具匠心的建筑设计将人与自然完美融合，反映了我国古时江南一带高度发达的经济与文化。至今，苏州古典园林依然可供旅游者观赏休憩，在旅游者移步换景的过程中向其展示着多方胜景、咫尺山林的独特魅力。

二是建构型活化融合。对于价值突出、保存状况一般、易被损坏的文化场所或旅游景区的物质文化遗产，应对其物质形态进行适当的修复还原，同时，借助

虚拟现实、三维全景、3D 打印等数字技术建构当时的时空背景、重大事件、物质实体等使旅游者获得沉浸式体验。

国内外成功案例：在国外，挪威国家艺术博物馆就利用 3D 打印技术复原了一把欧洲民族大迁徙时代的佩剑，参观者不仅可以观看玻璃展柜中的真剑，还可以亲自佩带复刻剑。复刻剑逼近真实的触感、外观、重量，在满足了参观者好奇心的同时，又能给予参观者穿越时空、身临其境的体验。在国内，故宫博物院推出的“清明上河图 3.0”高科技互动艺术展演融合了超高清数字互动、4D 动感影像等技术，将静止的《清明上河图》变得“流动”，模糊的细节变得清晰，构筑出真人与虚拟交织在画中的沉浸体验。

三是改造型活化融合。适用于价值相对一般、保存较好的物质文化遗产。该类物质文化遗产无法作为纯粹的、具有强烈吸引力的旅游吸引物，可结合本体情况和现实需要开辟成为外来旅游者体验物质文化遗产的旅游服务配套设施或文化性场所，如民宿、咖啡厅、旅游产品商铺、博物馆、地标书店等，以延续其服务社会的能力与自身生命力。

国内外成功案例：2017 年，被列为世界文化遗产的鼓浪屿历史国际社区就结合本土文化、华侨文化与旅游者需要，根据岛上的建筑特点、环境条件对部分历史建筑进行改造，如女传教士楼成为富有社区文化特色的喜林阁旅馆、汇丰银行公馆成为观赏鼓浪屿和鹭江景色的咖啡馆、八卦楼成为风琴博物馆等。意大利的马泰拉是世界上最古老的城市之一，拥有多座可居住的洞穴和石头教堂，政府将居住在洞穴中的居民迁到新城区。政府、欧盟、联合国教科文组织联手在保持石窟遗址面貌的前提下重新为其建设了雨水蓄积、生活用水等系统，同时将部分石窟改造成酒店、餐厅、咖啡馆等。

四是创意型活化融合。应结合现代创意技术，深度挖掘物质遗产的文化价值，开发出将历史与现代审美完美融合、能凸显物质遗产文化且具有传播力的创意旅游周边产品，打破旅游者对“旅游周边 = 粗制滥造”的固有印象，借助旅游文创周边帮助旅游者获得“身还远，心已近”和“身已远，心未离”的体验。

国内成功案例：故宫文创是最好的佐证。具备元素性、故事性、传承性的故宫文创产品充分体现了皇家生活的点滴，拉近了故宫与人们之间的距离，提升了旅游者的满意度，同时激发了更多普通民众对故宫的好奇与喜爱，从而成为潜在旅游者。

2. 保护型融合

将文化路线和独特文化作为保护目标，通过文化保护和旅游资源的开发利用实现文旅融合。对文化线路进行保护型融合可从以下几个方面入手。

一是联合申报。成功申报世界文化遗产无疑是提升旅游资源级别的一条有效路径。文化线路跨界连省、连国的自然属性可促使地区联合申报世界文化遗产，打破遗产单体难以入选名录的困境。同时，联合申报还能为原本默默无闻的部分文化遗产属地（如四川）争取主动地位，推动属地遗产相关部门给予文化遗产更多的关注、保护和开发，摆脱形象屏蔽，提高知名度，增强旅游吸引力。

二是保持共生。文化线路源于不同国家和地区间的交流和对话，线路中既蕴含着不同民族的文化，也蕴含着不同时期的文化。保持共生，即维持矛盾对立下共存共赢的状态。当一种文化吞噬另一种文化时，会导致文化线路丧失多元性，趋于同质化，文化线路也失去了存在的必要。滇越铁路上的特级车站——碧色寨站，曾是该线路上的重要枢纽，国外商人蜂拥而至，修建了一批有着浓厚法式风情的建筑。当第一列火车驶入碧色寨时，西方文化也随之进入这个相对原始的彝族村落。目前，碧色寨中“法国黄”建筑依然存在，两个不同国度的文化在同一片土地上和谐共生，成了吸引旅游者的一大亮点。

三是整体保护。文化线路上任何单体文化遗产的身份和地位都难以覆盖整体线路对文化多样性的展示和其整体文化价值，只有通过对文化线路进行整体保护才具有整体旅游开发的价值，将线路中某个单体独立出来进行保护是对珍贵文化财富群的巨大浪费。整体保护相较于单体保护，保护客体的范围大大增加，这意味着保护行动主体也会更复杂，这不仅需要文化线路沿线各政府的主导、企业的参与，还需要群众助力，因为群众是保护历史记忆与进行文化传承的活的载体。应在复杂庞大的主体中树立起整体保护的理念，这有助于规避各种问题，大到个别政府不作为，保护经费不足，专业人员匮乏；小到沿线古镇居民不遵循原有建筑风格翻修房屋、破坏古镇风貌等。

四是整体开发。整体开发要求文化线路沿线各文化遗产保护、旅游开发部门协作，在线路大主题的指导下进行线路的整体旅游规划开发，这有助于对线路进行宏观把控。在这种合作模式下，将不会出现背离原生文化的主题来打破旅游者沉浸式体验的问题。同时，还能在前期解决掉旅游发展中可能出现的产权、保护范围界定等问题。

五是分层管理。过去管理文化遗产单体的方法难以适用于文化线路这一文化遗产联合体，所以应根据文化线路的规模（大、中、小型）及跨界情况，分层设立管理单位。

（六）当代文化与旅游的融合：创意型融合、重组型融合、延伸型融合

当代文化与旅游的融合涉及的元素包括表演、电影、时尚、设计、新媒体，具体融合模式类型可分为创意型融合、重组型融合、延伸型融合。

1. 创意型融合

创意型融合指的是通过创意设计的手段，将文化与旅游紧密融合，从而孕育出全新的文化创意产业，并进一步推动旅游行业的繁荣。通过运用各种技术或专业技能，我们能够创造出富有意义的无形文化产品，从而将生产者、消费者以及地方社群紧密地联系在一起。

旅游演艺是一种面向本地居民和异地旅游者，通过依托一定的文化或自然资源，以本地演出或者异地巡演的方式，在旅游目的地或旅游城市展现的综合性表演活动。为了促进旅游演艺行业的发展，我们应该在保持文化传统的基础上，将现代科技融入其中，并深入挖掘地区丰富的民俗文化、历史事件和文化资源，以此萃取出独具地方特色的文化元素，并将其作为主题，进而创作具有文化价值的旅游演艺内容，以达到提升行业内文化水平的目的。同时，运用虚拟现实技术、增强现实技术等现代科技手段对演出形式进行改良，以精湛的表演和震撼的视觉效果，为观众呈现充满文化深度和视觉冲击力的演艺作品。另外，还可以采用多种方法来提高旅游演艺的知名度和信誉度，包括组织旅行团、进行广告宣传、举办庆祝活动、加强与热门电视节目和综艺节目的合作，以及利用新的媒体进行营销。

夜游经济并不是单纯地依靠灯光点亮城市，最重要的是要延长旅游产业链，从而使旅游者与商家达到双赢。发展夜游经济应由政府主导，通过精心策划将重点城市和重点区域的夜晚点亮，旅游者在体验城市文化的同时进行旅游消费、夜间消费，从而促进城市经济发展。

通过网络信息技术，虚拟旅游可以再现现实世界中的旅游景点，让人们获得身临其境的旅游体验。我们可以预先制作多个虚拟实景的方案，并在互联网上公开发布，为广大旅游者提供多种选择，以满足他们个人兴趣和爱好，从而促进景区的发展。为了尽可能地减少风险并获得最大收益，景区管理员可以收集旅游者的反馈和建议，确定实施方案和预算支出；创建一种虚拟旅游路线选择系统，旨在使旅游者在对景点信息全面了解的基础上自主规划旅游路线。景区为了满足来自不同背景和需求的旅游者，应该开发多种不同类型的游览路线，并且这些路线应该在虚拟景点上标示距离和预计游览时间，以便旅游者能够更好地进行选择。

另外，在虚拟旅游系统中，景区管理员可以设置各种角色，如导游解说员、沿街商铺经营者、旅馆老板和旅游者等。同时，还可以提供在线客服，以增强旅游者的虚拟旅游体验，让他们感觉仿佛亲临现场。旅游者可以低费用雇用虚拟导游，虚拟导游会根据电脑预设的程序进行简单的导览解说。

低空旅游指的是借助通用航空器，在1000米高度下开展的休闲、观光、娱乐及商务等各种形式的旅游活动。每个地方都应该充分发掘其独有的旅游资源优势，包括森林、山脉、湖泊、建筑和生态等方面，特别是那些交通不便、景点分布较散且范围广阔的旅游区域，更应该妥善利用其旅游资源。为了满足这些地区的旅游需求，景区管理员可以推出多种形式的低空飞行旅游产品，包括各式各样的航空器（如直升机、水上飞机、热气球、滑翔伞、动力伞、雪橇飞机和初级固定翼飞机等），打造一个完备的低空旅游系列产品。这个系列产品应具有多项功能，可以满足旅游者在旅游中不同的需求，包括但不限于空中观光、静态观赏、飞行体验、教育学习以及休闲娱乐。此外，由于低空旅游所依赖的资源主要是不可再生的景观资源，所以在策划阶段，景区需要坚持可持续发展原则，精准评估项目建设水平，以确保安全运营，避免重复建设和不必要的资源浪费；要尽力保护自然生态环境和维持景观的美观，以免对附近的旅游景区和居民的生产和生活带来干扰和危害。

2. 重组型融合

这种融合类型指的是将以往的旅游产业和文化产业的界限打破，通过重组创造新的产业链。应创新文旅商品生产形式，鼓励跨界合作、合作共赢，实现文旅资源的重组型融合。现阶段，重组型融合旅游产品应重点打造研学旅游、博物馆旅游等。

研学旅行是教育活动和旅游体验相结合产生的一种“寓教于游”的新兴游学形式。政府作为宏观的调动者，应出台政策鼓励建立专门的研学旅游网站，积极开展网络营销，加大对研学旅游的宣传力度，加大资金投入，将宣传的线路尽可能详细、细致地展现，在视觉上、内容上、经历上和学员反馈上做好全方位的包装与呈现。旅游企业可以联合校园网、教育机构设立研学旅游问询及产品咨询中心，以提高研学旅游产品的曝光率。与此同时，政府需要配套相应的资金扶持、税收减免、免费培训交流等优惠政策，鼓励研学旅游机构提供高质量的研学旅行产品，并实行包价优惠等政策，鼓励受众参与研学旅行。

3. 延伸型融合

这种重组类型指的是文化产业和旅游产业互相延伸，进而实现二者的融合。

现阶段，延伸型融合旅游产品应重点打造红色旅游、康养旅游、房车旅游项目。

例如，红色旅游以党在革命和战争时期建立的纪念场所和标志作为主要景点，在旅游中焕发这些地方的历史、事迹和精神，开展以缅怀和学习为主题的游览活动。在旅游观光基础上，红色文化旅游可以让旅游者“游中学”“学中悟”“悟中传承”，使旅游者在身心放松的同时感受红色文化丰富的内涵，感悟革命精神。将红色文化旅游与虚拟现实技术融合，围绕云南各地红色历史文化特色，建设旅游者虚拟现实技术体验区，可以最大限度地让旅游者在旅游过程中增强体验感。

二、加快文旅融合的路径

（一）理顺体制机制，促进文旅产业深度融合

除了充分利用美丽的自然景观，我们还应加强对人文旅游资源的挖掘，强调各民族文化的独特之处，以提升旅游文化的品质。我们要不断探索创新，以独特的文化特点为基础，打造新颖的旅游项目，不断提高文化旅游业的吸引力。我们应打造文化和旅游业相互促进、互相补充、共同成长的新模式；整合各方资源，避免组织分化和片面管理，积极鼓励多方参与，形成协作力量，共同推动文化旅游业的发展壮大；建立相关政府职能部门之间、政府与企业之间的联动机制，及时协调解决两个产业协同发展中的重大问题，重点在两个产业的发展规划、产业投资项目、扶持政策、宣传推广和人才培养等方面进行协调，使之相互促进、彼此协调、综合配套。

（二）强化文旅领域供给侧结构性改革，营造促进新型市场主体成长的环境

我们应深化文旅产业供给侧结构性改革，改变文化旅游生产者主体与消费者主体发展不均衡，特别是生产者市场化程度相对滞后的问题，培育能够自主经营特别是能根据消费者需求提供产品的新型市场主体，推出文化旅游精品。我们应该尊重文化和旅游产业的规则，关注不同地区的差异，并从中找到融合文化和旅游的契合点；要根据实际情况采用因地制宜的方式，注重实现长期的文旅融合效益；要以人们对文化和旅游愉悦生活的需求为指导，坚定以市场为主导的原则，积极促进文旅行业市场化进程；要通过培育壮大文旅企业以及通过项目来推动文旅融合，加强市场的核心吸引力和竞争力；要积极寻找创新方式和方法，以进一步提升、强化和突出旅游特色，深入挖掘文化内涵，推动旅游业向更加多元化的休闲度假、健康养生等多种模式转型，不再局限于单一的观光和门票收入；要致

力于创造独特的文化和旅游产品，以迎合文旅产业的需求，即需要大量的资本、资源、文化、人力和创意；要整合各类资源，以促进产业的发展，打造一个充满文化元素的旅游目的地，包括独特文化主题和相关的文化元素。此外，我们还应注重推进文化创意、假日休闲、康体养生等领域的发展，为旅游者提供以文化为核心的全面旅游体验；要开发专业的文化旅游线路和项目，以保证文化和旅游产品有机地融合；利用“文化 +”“旅游 +”“互联网 +”等创新模式，达到创新和整合的目的。

（三）破解城乡二元体制，培育乡村文化旅游主体

1. 实施合理有效的乡村旅游规划

乡村旅游依靠的是农村自身的田园风光和乡村文化、民族风俗等自然及人文资源，并在其基础上开发相关的田园风光游、农业体验游、休闲度假游、古村落民居体验游等。个别地区的乡村旅游开发存在着较为突出的注重经济利益而忽视乡村旅游文化建设的问题。由于缺乏整体规划和引导，部分乡村旅游低水平重复建设、浅层次开发，在短期经济效益的驱使下，个别部门不重视对乡村旅游文化特色内涵的准确把握和深度挖掘，甚至对乡村传统文化进行过度包装、过度开发，使独具特色的乡土地域文化被商品化、庸俗化，一些与当地乡村风貌格格不入的建筑更是破坏了乡村景观的整体性，对当地原生态的自然风景和文化资源造成破坏。

针对这些现象，政府要加强规划管理，统筹城乡旅游规划，以全域旅游的理念为指导，制定符合地方实际的规划方案。在对乡村文化旅游资源进行全面评估和市场调研的基础上开发出差异化的产品，走特色化路线，避免盲目无序开发，造成资源浪费；完善基础设施建设，从交通设施、网络设施、垃圾处理等方面进行改善，提高现有乡村旅游供给的农村效率。将乡村旅游规划与农村生态环境相结合，使旅游文化产业在发展的同时还能够更好地保护农村生态环境，实现农业资源可循环利用。另外，各级政府机构要加强对乡村旅游开发者的监控管理，既要设定严格的市场准入标准，又要对正在运行中的文旅项目进行实时检查，实施优胜劣汰，保证乡村旅游产品的质量。

2. 尊重农民的主体性地位

农民既是乡村文化的参与者和传承者，更是乡村文化的创造者。他们对于乡村的风俗习惯、生活方式、文化价值、遗产古迹有着更为强烈的情感认同。因此，在乡村旅游文化产业融合发展的过程中，应该以农民为核心，尊重农民在乡村旅

游文化建设中的主体地位，在鼓励和支持农民进行旅游经营和弘扬自身文化特色的同时，充分调动当地农民保护乡村文化的积极性和自觉性。

3. 重视发挥各类型经营主体的作用，形成乡村旅游文化建设的合力

在乡村文旅融合发展的过程中，要大力培育像乡村旅游合作社这样的新型经营主体。整个过程只靠单打独斗的当地居民可能很难获益，所以要发挥集体经济的作用，使企业与农民共同经营。比如，成立公司或合作社，每个村成立旅游合作社，每家每户都是合作社社员，企业出资，制定相应的发展规划，产生的经济效益按照比例进行分红，以此调动农民的积极性，发挥集体经济的作用。

解决这些问题不仅需要勇气，而且还需要更多的智慧，特别是要调动政府、社会、市场与群众等各方力量，群策群力才能破解体制性瓶颈，培育各类经营市场主体，形成建设合力。

我们应推动乡村文化旅游主体变革，不断激发乡村文化旅游主体新潜能；积极放宽市场准入，鼓励国企、民企、跨界进入者、融合性新企业、本地管理者等多元化市场主体进入乡村文化旅游市场；深入挖掘本土乡村文化旅游特色，以弘扬本土文化为己任，用现代化的经营理念去解读独特的乡村文化，展现乡村文化旅游的魅力，努力塑造一批乡村文化旅游经典品牌，不断丰富和优化旅游产品供给，持续释放乡村文化旅游经济活力。

在开发和经营乡村文化旅游的过程中，我们应鼓励、支持、引导乡村文化旅游民营企业的发展，并通过财政、税收、货币等手段，为民营企业投资旅游产业发展提供充沛的资金保障；鼓励跨界者将原行业在资金、技术、产业等方面的优势引入乡村文化旅游产业，通过文化创意、理念创新、资源转化等多种方式创新供给，鼓励文化企业和旅游企业相互投资，相互融合创新；鼓励各类型乡村文化旅游主体通过投资、并购等多种方式做大做强，吸纳社会资金投入乡村旅游文化建设中，培育大型旅游集团，不断提高旅游市场的竞争力，最大限度地提高乡村旅游资源配置效率，提高品牌竞争力。

（四）加大文旅人才培养力度，增强文旅产业行业竞争力

在旅游市场蓬勃发展、人们收入不断增加的同时，行业人才的需求量也越来越大。特别是在新时代背景下，旅游进入“文化与旅游融合、诗与远方并存”的时代，文旅融合对行业人才培养和供给提出了更高的要求，不仅要从数量上满足行业对人才的需求，还必须从质量上把好关。

文化和旅游业高质量融合发展归根结底取决于人才，人才培养是关键动力和根本保障。我们在大力推进文旅融合发展的同时，更需要重视人才的建设，培养出既懂文化又懂旅游、既有融合理念又有创新思维的高素质复合型人才，而人才的发展建设离不开良好的政策、法律、行业环境、教育环境和社会的支持。因此，在结合旅游行业人才队伍现状的基础上，本书从政府、企业和教育三个层面对文旅融合时代人才的培养和建设提出了以下几点可行对策。

1. 政府层面

在促进人才队伍的培养和建设的过程中，我国政府扮演着主导角色。政府是主要的负责人，在制定人才培养政策和监管相关法规方面具有主导作用。除此之外，政府还肩负着改善各行业环境和完善相应机构建设的责任。在文化旅游人才的教育、培养、引进和管理等方面，政府也发挥着重要作用。

首先，完善政府职能，加强关于文旅人才的政策法规建设。统筹规划文旅人才建设的整体发展战略，提高人力资源配置效率，完善政府管理职能，实现行业结构调整和业务板块优化；加大文旅人才投资力度，对重点领域人才的培养和任用提供政策支持，对高校、职业院校和培训机构提供资金支持；实施多元化的监督手段，建立社会广泛参与的监督方式，提升人才使用效率。

其次，协调政府、文旅企业、高校和行业组织在人才培养中的角色关系，推进人才培养过程中的校企合作等协同发展。

再次，规范旅游人才竞争秩序，针对部分行业设定门槛标准，提高文旅人才的专业化、市场化水平。

最后，健全文旅人才就业信息发布制度，解决毕业生与用人单位就业信息不对称的问题，鼓励引进国际型、专业型文旅人才；促使各类企事业单位通过市场自主择人、各类文旅人才自主择业，切实落实人才的福利保障等扶持政策。

2. 企业层面

针对目前文旅人才队伍初级、中级人才充足，高级人才极度缺乏，加之企业过于追求效益的增长和规模的扩大，而忽略了从业人员素质的提高等问题，可以采用如下措施加以解决。首先，企业要不遗余力地引进高素质文旅人才；其次，加强员工培训，大力提升员工综合素质；最后，完善用人机制，留住文旅行业人才。

3. 教育层面

新时代文旅融合发展面临着良好的机遇，这就需要一大批专业化且具有国际视野的高素质复合型人才。高校和职业院校的旅游与文化产业管理专业的职责是为社会培养合格的人才，以解决行业的发展问题。很多院校的相关毕业生步入社会后就业难度很大，而用人单位却又不容易找到满意的人才，经常抱怨学生专业素质较差、实践能力不强，导致企业培训成本高，这些问题都值得学校对现行教育进行反思。作为校方，面对新形势、新特点，应创新人才培养模式，深化教育改革，培养出符合时代需要的复合型人才，为文旅产业的加速发展提供核心力量。

首先，深化教学改革，优化课程设置。一方面，各院校应围绕培养目标深化教学改革，充分重视理论与实践相结合的文旅人才培养模式。在课程设置上，加强对旅游与文化类专业课程的教学和实践实训课程的比重，不仅要为学生打下扎实的理论基础，更需要在实践过程中培养学生各方面的实操技能。另一方面，运用校企合作模式，以市场需求为导向，向学生提供在企业实习的机会，并针对不同层次的学生安排不同的岗位，使学生在毕业前就能进入社会，适应文旅行业的工作。从长远来看，校企合作模式有助于改善学生就业困难这一问题，同时还可以帮助企业获得源源不断的人才，使双方都能够达到可持续发展的目的。

其次，加强教育基础设施建设。很多高校、职业院校都缺少与文旅专业相关的校内实践实训教学基地和教学硬件设施，学生在上实践实训课时由于场地限制和设备不足，无法按规定完成专业技能的训练学习，并且这些课程对学生的吸引力也大大减弱。资金投入不够、场地受限等方面的原因造成实践教学质量大打折扣，与企业要求无法衔接。因此，高校应不断加强文旅实践实训基地的建设，促进教育基础设施的完善。

最后，加强师资队伍建设。要想造就新时代的文旅专业人才，就必须打造优质的师资队伍。高校应依据师资现状和专业建设的需要，在引进国际化、专业化人才的同时，制定教师的培养规划；支持教师参与学历进修、学术研讨、课题研究等工作；不断提升教师队伍的学历层次和专业化水平，改善职称结构，同时鼓励教师参与专业培训，了解行业最新动态，全面提高教师的实践能力，以便更好地服务教学工作。

（五）实现跨界融合创新，推出高品质文旅产品

我们应研发特色产业型、生态观光型、文化提升型、休闲体验型等创意产品，加强农产品创意设计，强强联合，创新文旅产品，并利用互联网技术创新营销，打造网红产品；加快下一代互联网、大数据、物联网、空间地理信息等技术在文旅产业发展领域的应用，推广“文旅＋互联网”模式；推进文旅产业对创新技术

的应用，争取使文旅产品生产和服务手段的技术含量显著提高；推动演艺、娱乐、文博等行业的设施设备数字化；发展特效电影、实景演出、全息展览，以提升文化生产效率和服务体验；嫁接文旅产业与电商、物流体系，构建物联网化的文化要素平台，促进信息交换和产品流通。

（六）引导社会资本投资文旅项目

我们应统筹文化产业和旅游产业项目扶持资金，把重大项目建设作为融合发展的重要抓手，按照政策要求，建立文旅产业重点项目、特色项目库，建立和完善项目联动推进机制，及时协调解决项目建设中遇到的困难和问题，强化全程跟踪协调服务。

有关部门应积极参加国家和区域性重大文旅产业招商引资活动，结合当前文旅产业发展导向与发展重点，绘制主导产业清晰、产业链清晰、招商目标清晰的产业招商地图，开展“一对一”招商和“点对点”对接；采用“文化旅游＋投资基金”“文化旅游＋产业园区”等合力运作模式，着力吸引一批产业带动强、投资体量大、代表产业发展方向的优质大项目，促进产业能级的提升；深入系统研究文旅产业投资的新特点、投资新领域，积极承接东部产业转移，以长三角、珠三角、环渤海区域为招商重点，加大招商力度，创新招商模式，促成招商引资企业注册和税收“双落地”。

（七）创新营销方式

互联网时代的本质是创造连接，即人与人的连接、人与事物的连接。随着互联网的发展，人们的自主意识不断增强，从单方面被动接收大量信息到积极主动发布信息，从而推动了短视频、直播等自媒体发展。2016 年 9 月上线的抖音成为各大景区进行景点营销的“利器”，也成为继微博、微信之后营销发展的下一个趋势。抖音这一多元化的短视频制作与传播网络平台，凭借制作简单、门槛低、传播范围广、趣味性强、参与度高、浏览速度快等特点，逐渐得到用户的青睐，尤其是年轻人的喜爱。比起文字和图片，他们更容易接受短视频这种娱乐化的呈现方式，而未来这批“新一代”群体将成为旅游新兴消费市场的主力军，迎合年轻消费者的喜好是未来营销发展的必然趋势。

1. 发挥抖音营销的优势与作用

抖音用户善于发掘城市的特色，从旅游者的视角切入，将一些独特的自然景观、人文风情、活动场景等以轻松有趣的方式进行传播。有别于传统的城市旅游宣传片渲染的宏伟场景，抖音通过 15 秒的个性化剪辑以及魔性背景音乐给大众带来了海量的优质原创内容和绝佳的感官体验。如今，各大平台都看准了短视频的发展前景，投入了大量资金来支持短视频团队的发展。

2018 年，抖音发布了“美好生活”计划，该计划包含了三个要点，分别是“DOU”计划、“美好挑战”计划以及社会责任计划。其中，“DOU Travel”的宗旨是运用富有创意的短视频展现当地的文化特色和旅游价值，以此吸引旅游者前来体验并推动当地旅游业的发展。西安是抖音首个城市合作的伙伴。西安市文化和旅游局已与抖音短视频签署合作协议，双方拟采用多种方式，利用抖音平台来宣传西安市。这些措施包括借助文化名城的助推作用、定制城市主题挑战、深度体验抖音达人以及推出抖音版的城市短片等。这些短视频用来向全球展示西安的优秀传统文化和美好城市文化，使西安一举成为网红城市，线下游客量增加的幅度也非常可观，很多用户甚至因为看了抖音上的视频而专程去了趟西安。西安市文化和旅游局与抖音的成功合作也为各省旅游营销方式的创新提供了一定的借鉴与指导作用。

2. 以客户需求为导向的短视频营销

短视频营销不仅限于抖音这一个平台，在快手平台上也可以制作推广与旅游相关的视频内容。短视频的出现丰富了新媒体原声广告的形式，是未来营销发展的一个主要趋势。这种从图片文字营销到视频营销的转型，增加了信息的承载量，这是因为视频画面的传播会超过同类图文的信息量，对消费者来说，在印象的留存上也更高一筹。

落实到旅游方面的短视频营销，也不仅是制作当地的美食、美景视频，还可以结合大数据分析，寻找出具有不同价值观、不同心理偏好特征的群体，锁定目标市场，将客户可能会感兴趣的内容推送给他们，甚至可以做到有针对性地对各类客户群采用不同的推广策略。利用大数据深度挖掘旅游者需求，实现精准营销，当旅游者到达某一旅游目的地时，平台会将当地好玩的信息及时推送给用户，这些都是未来旅游营销发展的方向。

3. 打造网红文旅产品的持续吸引力

依靠网络热度和各种营销手段只能够做到在短时期内抓住旅游者的眼球，争取到与旅游者见面的机会，而坚持后续开发才能留住旅游者，甚至发挥口碑效应吸引更多的旅游者。因此，对于当下文化旅游产业发展新阶段的战略定位，不应再单纯追求旅游人数的急剧增长，而是要全方位地满足旅游者的需求，为其带来更优质的旅游体验。

一方面，要充分发挥和有效利用创新营销带来的网红效应，要以全域旅游为导向，进行文化旅游品牌形象设计、产品及要素包装以及旅游目的地整体氛围的塑造，把休闲旅游、遗产旅游、红色旅游等主题结合起来，打造文化旅游网红品牌；另一方面，要不断完善旅游目的地配套设施，不断提升服务品质，加强监管，为旅游者提供全面的信息服务，将网红带来的流量转化为持续发展的动力。

参考文献

[1] 庞学铨．国际文旅融合示范案例研究 [M]. 成都：四川人民出版社，2020.

[2] 张瑞智．文旅融合中的旅游演艺产业化研究 [M]. 北京：北京工业大学出版社，2021.

[3] 潘丽丽．文旅融合：理论探索与浙江产业发展实践 [M]. 杭州：浙江工商大学出版社，2021.

[4] 张杰，汤小河．推进文旅融合 实现高质量发展：长三角六市群众文化工作的思考与实践 [M]. 镇江：江苏大学出版社，2022.

[5] 李茜．西安文旅融合发展研究 [M]. 西安：陕西人民出版社，2020.

[6] 苏航，刘小妹．红色文旅融合的规划探索与实践 [M]. 北京：中国建筑工业出版社，2021.

[7] 陈思琦，李雨竹，李林蓉．文旅融合大背景下的非遗保护与开发 [M]. 成都：电子科学技术大学出版社，2020.

[8] 邓爱民，卢俊阳．文旅融合中的乡村旅游可持续发展研究 [M]. 北京：中国财政经济出版社，2019.

[9] 李柏文．“文化创意 +”旅游业融合发展 [M]. 北京：知识产权出版社，2019.

[10] 李杰，张晓林，刘通，等．文旅融合视角下户外运动项目融入旅游景区的困境及发展对策研究：以四川省 5A 级景区为例 [J]. 辽宁体育科技，2023，45（5）：34−41.

[11] 吴昊，关星宇，陈家骥．文旅融合背景下非物质文化遗产的创新实践研究：以吉林省国家级非遗“长白山满族剪纸”为例 [J]. 商展经济，2023（17）：41−44.

[12] 刘晓锐．文旅融合背景下乐山非遗保护与传承 [J]. 四川省干部函授学院学报，2023（3）：16−21.

[13] 杨仪，陈锦文．乡村振兴战略下绿色文旅融合发展的路径探索：以绍兴市 S 村为例 [J]. 智慧农业导刊，2023（17）：104–108.
[14] 匡栩葭．文旅融合背景下湖湘红色文创产品设计的策略研究 [J]. 鞋类工艺与设计，2023（16）：57–59.
[15] 李晗，胡润莹．文旅融合视角下历史文化名镇保护与发展：以安徽省合肥市三河镇三杭路片区为例 [J]. 中外建筑，2023（8）：59–64.
[16] 田美玲，郝瑞君，寇圆圆，等．文旅融合背景下文旅特色小镇的空间分异及影响因素 [J]. 湖北文理学院学报，2023，44（8）：46–52.
[17] 陈明，肖治涵．民族地区文旅融合典型模式与优化路径 [J]. 中国西部，2023（4）108–115.
[18] 黄芙蓉，涂盛青，王馨婷．“文化 + 场景”：文旅融合的发展路径与数字化传播实践：以第二届文博会湖北馆打造荆楚文化 IP 为例 [J]. 新闻前哨，2023（13）：25–28.
[19] 王雪．文旅融合视角下文化消费与旅游消费的协同发展关系：基于全国省域样本数据的分析 [J]. 商业经济研究，2022（22）：65–68.
[20] 姜楠．文旅融合背景下淮安市旅游高质量发展对策研究 [D]. 大连：辽宁师范大学，2023.
[21] 甄会刚．古镇型街区文旅融合发展的质量评价与促进机制研究：以唐县唐尧古镇为例 [D]. 石家庄：河北师范大学，2023.
[22] 柳珂．传统村落文旅融合助推乡村振兴路径研究：以齐长城“一线五村”为例 [D]. 泰安：山东农业大学，2023.
[23] 谭娇．文旅融合背景下非物质文化遗产保护的研究：以石柱土家族自治县为例 [D]. 重庆：西南政法大学，2023.
[24] 王鸿儒．文旅融合视角下红色旅游公共服务游客满意度研究：以重庆“红岩联线”景区为例 [D]. 重庆：西南政法大学，2023.
[25] 席浩男．文旅融合能否促进文化产业和旅游产业协同发展？：基于多期双重差分法的政策效果评估 [D]. 大连：东北财经大学，2023.
[26] 由嘉欣．文旅融合背景下旅游型乡村活态发展营建探索：以古北口村为例 [D]. 济南：山东建筑大学，2022.

[27] 梁霜 . 文旅融合背景下历史文化名镇保护与发展中的政府职能优化：以 A 镇为例 [D]. 重庆：西南政法大学，2022.

[28] 厉建梅 . 文旅融合下文化遗产与旅游品牌建设研究：以山东天上王城为个案 [D]. 济南：山东大学，2016.

[29] 刘阔 . 文旅融合特色小镇建设中政府职能发挥问题研究：以保定市为例 [D]. 大连：东北财经大学，2021.